QIYE YONGHU YUFU DIANFEI MOSHI YANJIU

企业用户
预付电费模式研究

章建华　主编

中国电力出版社
CHINA ELECTRIC POWER PRESS

内 容 提 要

电网企业在当前用电信息采集技术趋于成熟的前提下提出"预付电费"并进行详细探讨,确保企业制度体系与有关法律法规同频共振,最大限度降低电费回收风险,确保电网建设持续、稳步发展。

本书通过问卷调查、专家研讨、案例分析、法律法规梳理等研究方法,论证了企业用户实施"预付电费"缴费模式的合法性、可行性,分析了"预付电费"实施过程中存在的法律风险要素。提出了"预付电费"法律风险防范6个维度、12个防控要素的"钻石模型";设计了16条具体法律风险防控措施及"三位一体"的增值服务体系;借鉴了国内外典型行业实施预付费的成功经验。

本书可作为供电企业用电营销管理人员及法务管理人员学习参考用书。

图书在版编目(CIP)数据

企业用户预付电费模式研究／章建华主编. —北京:中国电力出版社,2020.10
ISBN 978-7-5198-4788-3

Ⅰ.①企… Ⅱ.①章… Ⅲ.①用电管理—费用—支付方式—研究—中国 Ⅳ.① F426.61

中国版本图书馆 CIP 数据核字(2020)第 123930 号

出版发行:中国电力出版社
地　　址:北京市东城区北京站西街 19 号(邮政编码 100005)
网　　址:http://www.cepp.sgcc.com.cn
责任编辑:孙　芳(010-63412381)
责任校对:黄　蓓　郝军燕
装帧设计:赵姗姗
责任印制:吴　迪

印　　刷:三河市万龙印装有限公司
版　　次:2020 年 10 月第一版
印　　次:2020 年 10 月北京第一次印刷
开　　本:787 毫米 ×1092 毫米　16 开本
印　　张:7.25
字　　数:129 千字
印　　数:0001—1000 册
定　　价:58.00 元

编　委　会

前　言

　　电力是国民经济发展中最重要的基础能源产业,随着经济社会的快速发展和人民生活水平的不断提高,全社会对电力的需求程度越来越高。电网企业作为关系国民经济命脉和国家能源供应的国有重点骨干企业,承担着保障安全、经济、清洁、可持续电力供应的重要使命。因为电力供应需要电网输送,而电网输送过程的电能消耗、网架持续升级建设、线路长期维护等都会产生巨额的生产成本,所以电费回收的重要性被不断提高,特别是企业用户的电费回收工作。

　　国家实行产业结构调整,治理高耗能、高污染企业,淘汰落后设备,由于部分企业前期盲目扩大投资规模,多地已出现了企业停产倒闭、拖欠电费的苗头,电费回收形势严峻。最大限度降低电费回收风险,确保智能电网建设持续、稳步发展,不仅是电网企业全面履行社会责任、践行公共服务职能的重要任务,也是维护国家安全、社会稳定和人民群众根本利益的必然要求。

　　近年来,电网企业积极开展电费回收"双结零"措施,取得了较好成效,但是现有"先用电、后交费"的政策给恶意拖欠电费提供了操作空间,隐性拖欠电费现象还较为严重。为了避免国有资产流失、维护社会公平正义、保障用电企业合法利益,本书提出拟对企业用户实施"预付电费"收费模式,通过问卷调查、专家研讨、案例分析、法律法规梳理等研究方法,论证了企业用户实施"预付电费"缴费模式的合法性、可行性,分析了"预付电费"实施过程中存在的法律风险要素。提出了"预付电费"法律风险防范 6 个维度、12 个防控要素的"钻石模型";设计了 16 条具体法律风险防控措施及"三位一体"的增值服务体系;借鉴了国内外典型行业实施预付费的成功经验。

限于编者水平问题,书中难免有不妥或疏漏之处,还请广大读者批评指正!

编者

2020 年 8 月

目 录

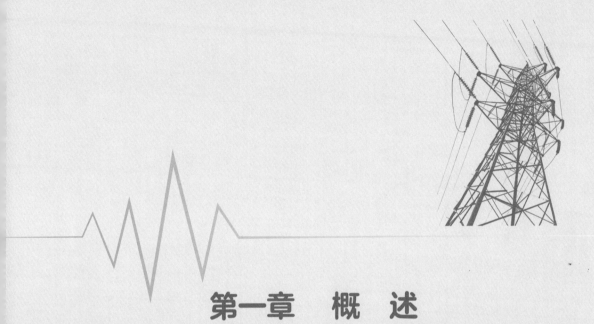

第一章 概 述

第一节　电费回收风险防控定义及方法

近几年来,电网公司积极开展电费回收"双结零"措施,取得了较好成效,但是现有政策给恶意拖欠电费提供了操作空间。"先用电、后交费"的地区隐性拖欠电费现象还较为严重。为了避免国有资产流失、确保国有资产保值增值,维护社会公平正义、保障用电企业合法利益,供电企业需要探索"预付电费"新型电费收取模式,做好电费回收风险防控。

一、电费回收风险防控的概念

风险防控,是指风险管理者采取各种措施和方法,消灭或减少风险事件发生的各种可能性,或者减少风险事件发生时造成的损失。

电费回收风险防控,是指供电企业采取各种管理和技术手段,消灭或减少用户拖欠电费风险事件发生的各种可能性,或者减少拖欠电费风险事件发生时造成的损失。

二、电费回收风险控制的方法

电费回收风险控制方法有风险回避、损失控制、风险转移和风险保留,电费回收风险控制模型如图 1-1 所示。

(一)风险回避

风险回避是供电企业有意识地放弃风险行为,采取生硬的措施完全避免特定的损失风险。简单的风险回避是一种最消极的风险处理办法。因为在放弃风险行为的同时,往往也放弃了潜在的目标收益,同时影响用户对企业的形象和观感,与国家电网有限公司所提倡的优质服务相违背,所以一般只有在以下两种情况下才会采用这种方法:

(1)无能力消除或转移风险。

(2)无能力承担该风险,或承担风险得不到足够的补偿。

(二)损失控制

损失控制不是放弃风险,而是制订计划和采取措施降低损失的可能性或者是减少实际损失。控制的阶段包括事前、事中和事后三个阶段。事前控制的目的主要是为了降低损失的概率,事中和事后的控制主要是为了减少实际发生的损失。构建电力营销全过程电费风险内部控制体系、建立电费风险控制的评价报告制度、开展推广"预付电费"的收费模式方式,正是供电企业控制损失的一种手段。

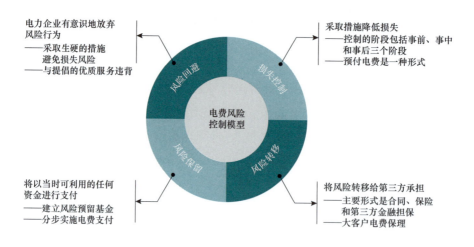

电力企业有意识地放弃风险行为
——采取生硬的措施避免损失风险
——与提倡的优质服务违背

采取措施降低损失
——控制的阶段包括事前、事中和事后三个阶段
——预付电费是一种形式

将以当时可利用的任何资金进行支付
——建立风险预留基金
——分步实施电费支付

将风险转移给第三方承担
——主要形式是合同、保险和第三方金融担保
——大客户电费保理

图1-1 电费回收风险控制模型

(三)风险转移

风险转移,是指通过契约,将让渡人的风险转移给第三方承担的行为。通过风险转移可大大降低经济主体(供电企业)的风险程度。风险转移的主要形式是合同转移、保险转移和第三方金融担保:

(1)**合同转移**。通过签订合同,可以将部分或全部风险转移给一个或多个其他参与者。供电企业与用电单位、银行订立电费支付担保合同,是风险转移的一种方式。

(2)**保险转移**。保险是使用最为广泛的风险转移方式。

(3)**第三方金融担保**。如与金融机构合作,建立"大客户电费保理"新型金融服务,确保电费回收。

(四)风险保留

风险保留,即风险承担,也就是说,如果损失发生,供电企业以当时可利用的任何资金进行支付。风险保留包括无计划自留、有计划自我保险。

(1)**无计划自留**。指风险损失发生后从收入中支付,即不是在损失前做出资金安排。当经济主体没有意识到风险并认为损失不会发生时,或将意识到的与风险有关的最大可能损失显著低估时,就会采用无计划保留方式承担风险。一般来说,无计划自留应当谨慎使用,因为如果实际总损失远远大于预计损失,将引起资金周转困难。

（2）有计划自我保险。指在可能的损失发生前,通过做出各种资金安排以确保损失出现后能及时获得资金以补偿损失。有计划自我保险主要通过建立风险预留基金或分步实施电费支付的方式来实现。

第二节 "预付电费"与电费回收风险防控关系

一、"预付电费"是有效解决用户拖欠电费的手段

1. "先用电、后交费"成为拖欠电费的制度漏洞

消费需要按约定支付相应的成本,本是天经地义;我国《电力法》也有明文规定,用电主体应按时交纳电费。但是,在现实生活中,究竟是什么原因导致拖欠电费?我们经过分析探究,主要原因如下:

（1）缺乏及时交纳电费的意识。有些居民用户由于工作繁忙或者其他事务缠身,无暇或是干脆忘记了及时交纳电费。此类状况属于非故意拖欠,一般有些许客观原因的影响;有时出现的政府部门或事业单位拖欠电费的现象也出于此类原因。

（2）恶意钻法律漏洞拖欠电费。电是极少数可以先消费后付账的商品之一,这也给用户拖欠电费开了一个方便之门。欠费不会带来利益损失。《电力供应与使用条例》第39条有规定,逾期未交付电费的用户,供电企业可以对其收取滞纳金,但在实际操作中,为使用户积极配合,尽快补交电费,滞纳金往往可以不予兑现。所以就出现一些用户对于电费,能拖就拖,实在不行再交纳。有个别单位,巨额欠费后,老领导下台,在重新改组后,新领导往往不认账。企业经营状况差,或是企业濒临倒闭,所以电费成了他们解一时之需的资金,最后企业无力偿还电费,导致电力公司的巨大损失。

（3）对用电存在认识上的误区。有些用户认为电力供应乃是由国家主导的基础性行业,是为居民生活和其他各行业提供服务的,不应以赢利为目的,并以此为托词而拖欠电费。

（4）现有政策设计及固有的营销模式给恶意欠费行为提供了可能。《电力供应与使用条例》第39条规定:逾期未交电费的,自逾期之日起计算超过30日,经催交仍未支付电费的,供电企业可以按照国家规定的程序停止供电。"先用电、后交费"

是供电企业收费原则,用户用电单月抄表周期为 30 天,从电费下账到缴费截止日需要 10 天,缴费逾期周期规定为 30 天。如果用户存心欠费,相当是用户上次缴费后欠费使用 70 天,才能按照法规执行欠费停电程序,采取停止供电措施,这还要在工作人员负有责任心的情况下,如此就给不良企业主有了可乘之机。

2."预付电费"可有效解决用户拖欠电费问题

"预付电费",指用户在使用电力之前必须根据用户与供电企业双方约定预先支付费用,这个费用在用户成功用电后再给予实际的扣除。当前大部分供电企业都不同程度地面临企业客户拖欠电费的情况,催缴工作难度较大,迫切需要采用科学的方法和有效的手段来解决这些问题,而采用"预付电费"用电的方式在技术上是完全可以实现的,可以有效地降低供电企业的经营风险,保护供电企业的合法权益,保证电费的按时足额回收,提高工作效率,节约人力、物力资源,为电力事业可持续发展创造有利条件,防止因拖欠电费造成的国有资产流失,规避企业经营风险,确保大客户的电费如期结零。

二、"预付电费"在技术上已达到推广应用的成熟度

通过国内典型预付电费技术来看,技术基础已经十分成熟,以湖州电力局的"预购电管理系统"等预付费的信息系统建设为例,可以看出,信息、技术实现上已经完全可以支撑"预付电费"收费模式的管理需求。

湖州电力局的"预购电管理系统"可对客户所购电量用电的余额设定通知定值(定值任选)、告警定值、通告次数,以方便客户了解自己的电费情况,及时充值购买电量,保证客户的生产正常进行。该系统也可根据客户的信誉度设定警示值,让客户善意透支一定电量用电,超过警示值时,系统自动向客户发出告警信号,通知客户及时购买电量,并做好停电准备,然后系统自动对客户进行限电操作,首先遥控跳第一轮部分负荷的开关,最后也可以遥控跳大部分开关,直至全部停电。这样做可以保证客户及时了解自己的用电情况,及时安排调度资金,合理购买电量,供电企业也规避了收费风险。通过半年的试运行,结果表明系统运行稳定可靠,具备推广应用的价值,其主要功能包括:

1. 预付电费管理

(1)从采集系统查询用户基本信息(单位、户号、户名、地址、容量、本次抄表日、上次抄表日、是否预付电费等)预购电管理系统电量管理界面如图 1-2 所示。

(2)从营销同步抄表结算信息(预收余额、上月电量、上月电费、上月平均电价、上月基本电费等)。

图1-2 预购电管理系统电量管理界面

（3）界面录入预售电价（上月平均电价、前三月平均电价、基本电费平摊电价作为参考）。

（4）界面录入局方负责人（客户经理）及联系方式、用户负责人（预付电费负责人）及联系方式，预购电量管理系统联系人界面如图1-3所示。

（5）界面勾选是否短信发送。

（6）界面选择短信通知方式（不通知、每日、每周、每月）和短信通知内容（预售电价、预收余额、总用电量、可用电量）。用于定期给用户发送预付电费相关信息（预售电价、预收余额、总用电量、可用电量）。

（7）可对每个用户设定通知定值范围。

2. 预付电费查询

（1）查询每月预付电费用户的结算信息（包括单位、户号、户名、地址、容量、电费月份、结算次号、预收余额、预售电价、总用电量、可用电量、可用电量比例等）预购电管理系统查询界面如图1-4所示。

（2）可查询每个结算记录的表计数据明细（包括表计局号、总倍率、抄表时间、表计示值、上月示值、上月抄表时间、本月电量）。

（3）可查询每个预付电费用户的抄表数据明细（包括每一天的表计示值等）。

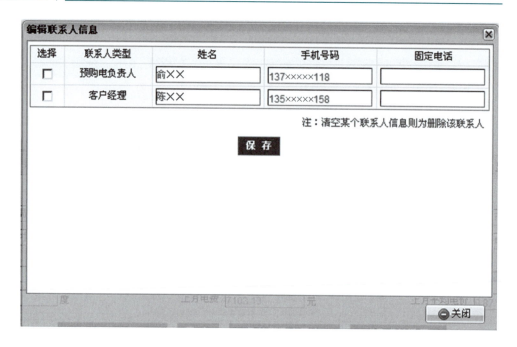

图 1-3　预购电管理系统联系人界面

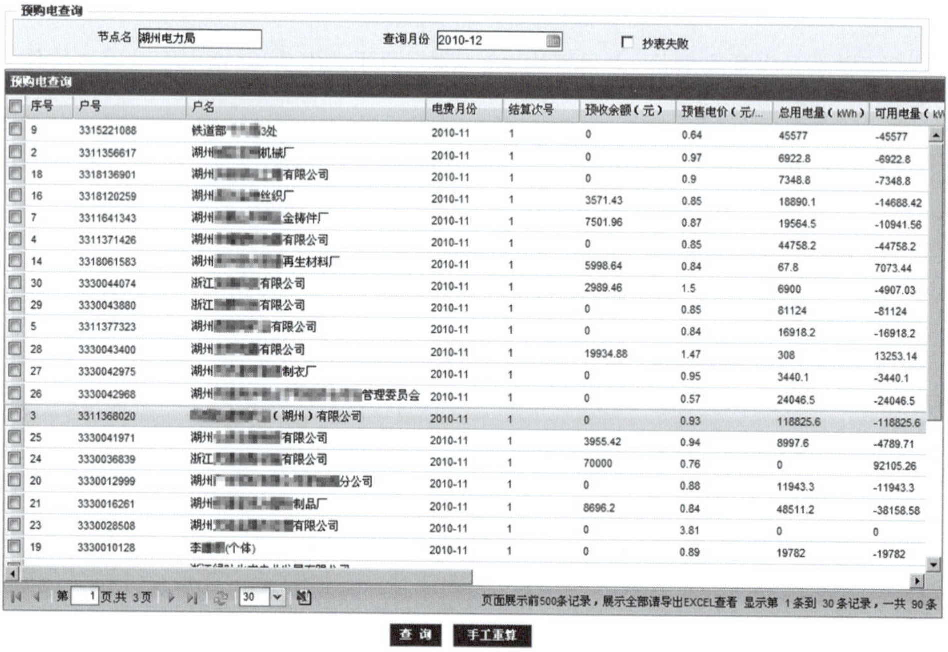

图 1-4　预购电管理系统查询界面

第三节　"预付电费"法律风险评估必要性及范围界定

一、"预付电费"法律风险评估研究的必要性

（1）对**"预付电费"进行法律风险评估与研究，是强化"依法治企"、践行"依法治国"理念的体现。**党的十八大报告将"全面推进依法治国"确立为推进政治建设和政治体制改革的重要任务，对"加快建设社会主义法治国家"做了重要部署，这对于高扬人民民主的光辉旗帜，坚持和发展中国特色社会主义政治发展道路，全面建设小康社会具有直接的重要意义。落实十八大报告提出的"全面推进依法治国"理念，强化依照国家法律法规来治理企业的"依法治企"理念，使企业的一切生产经营活动不违反国家法律法规制度，是国家电网公司新时期需要履行的重大责任，强化对"预付电费"用电模式的法律风险评估，是电网公司主动对企业自身行为进行合法性论证的重要措施，也正是央企践行"依法治国"理念的重要体现。

（2）对**"预付电费"进行法律风险评估与研究，是电网企业自身健康发展的需要。**随着法制建设的逐步完善，老百姓的法律维权意识正在逐步加强。近年来，用户与电网企业法律纠纷频频发生，公司法律风险防范面临严峻的考验。电网企业良好的供用电关系离不开有效的风险管理和应对措施，法律风险管理对企业的经营安全和可持续发展有着不可替代的作用，同时也是企业降低成本，提高利润的重要渠道。对用户（尤其是大客户）实施"预付电费"收费模式，是对传统"先用电、后付费"用电行为习惯的挑战，必然引起用户对该模式的争议，必须强化对该模式的合法性论证及法律风险的防范。

二、对"预付电费"研究范围的界定

（1）**用电群体的界定。**本书重点研究开展"预付电费"模式时存在的法律风险评估，主要是指在企业用户实施"预付电费"时存在的法律风险，个人用户不作为本书研究对象。

（2）**研究内容的界定。**研究的目的是为在企业用户中顺利推广"预付电费"收费模式，因此，本书研究内容主要涵盖对"预付电费"模式的合法性论证、法律风险要素及应对策略、理论指导模型，主动化解风险的增值服务措施。

第四节 "预付电费"法律风险评估采用的研究方法

本书主要采用"问卷调查、法律法规梳理、专家座谈访谈、案例实证分析"等研究方法(见图1-5)开展相关研究工作。

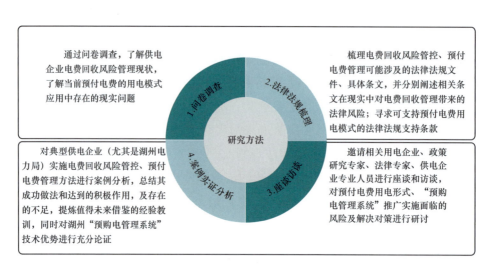

图1-5 研究方法

一、发放问卷调查

通过问卷调查,了解相关利益方对企业用户实施"预付电费"收费模式的看法和服务期望。设计了《电力新业务调查问卷》(见附录1),在浙江省的杭州、宁波、湖州、嘉兴、丽水、台州、舟山等十一个地区通过网络、邮件、电话及现场取样等方式进

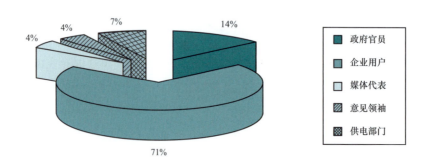

图1-6 调查样本分布

行抽样调查,分别对企业用户、媒体代表、意见领袖和供电部门相关人员发放 2509 份问卷,筛选出有效问卷 2224 份,其中,政府官员样本 312 份,企业用户样本 1551 份,媒体代表样本 99 份,意见领袖样本 97 份,供电部门样本 165 份,调查样本分布如图 1-6 所示。

二、法律法规梳理

围绕电费回收风险管控、预付电费管理可能涉及的法律法规文件和具体条文进行梳理,并分别阐述相关条文对电费回收管理带来的法律风险;寻求可支持"预付电费"收费模式的法律法规条款。

三、专家座谈访谈

邀请相关用电企业代表、政策研究专家、法律专家、供电企业专业人员进行座谈和访谈,对"预付电费"用电形式、"预购电管理系统"推广实施面临的风险及解决对策进行研讨。

四、案例实证分析

对国内外近 20 家典型供电企业、移动公司、石化企业实施的预付费经验进行总结,总结其成功做法及存在的不足,提炼值得借鉴的经验教训。

第二章 "预付电费"收费模式的法律基础及其相关规定

与"预付电费"相关的法律法规,涉及《中华人民共和国合同法》(以下简称《合同法》)、《中华人民共和国电力法》(以下简称《电力法》)、《电力供应与使用条例》及国家和地方专门为电力行业出台的相关政策、法律法规及司法解释。通过对法律法规系统梳理分析,可得出"预付电费"收费模式在法律上是完全合法的、在实践中是可操作的。"预付电费"收费模式合法性论证如图 2-1 所示。

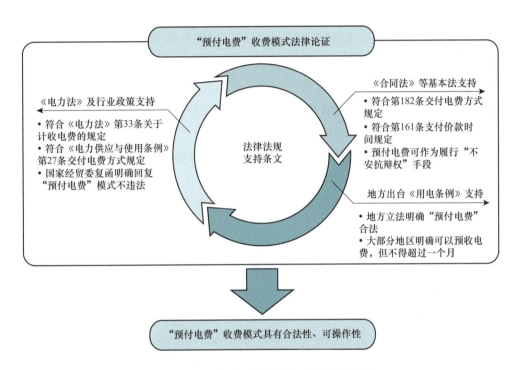

图 2-1 "预付电费"收费模式合法性论证

第一节 《合同法》为预付电费提供坚实法律基础

全国人民代表大会制定的《合同法》是基本法,根据一般适用原则,宪法的效力高于基本法,基本法的效力仅次于宪法,但高于一般法律,通过对《合同法》法律条文梳理分析发现,《合同法》为"预付电费"模式的实施推广提供强有力的支持。

一、符合《合同法》第 182 条交付电费方式规定

供用电关系本质上是一种平等民事主体之间的电力买卖关系,属于我国《民法

通则》和《合同法》等民事法律法规调整的范畴,这种调整总体上是充分尊重当事人意思自治的。而"价款和报酬"条款是合同的基本条款,预收电费方式的约定恰恰是关于合同价款和支付方式的约定,是完全合法的。

我国《合同法》第 182 条规定:"用电人应当按照国家有关规定和当事人的约定及时交付电费。用电人逾期不交付电费的,应当按照约定支付违约金。经催告用电人在合理期限内仍不交付电费和违约金的,供电人可以按照国家规定的程序中止供电"。《供电营业规则》第八十二条规定:"供电企业应当按国家批准的电价,依据用电计量装置的记录计算电费,按期向用户收取或通知用户按期交纳电费。供电企业可根据具体情况,确定向用户收取电费的方式。用户应按供电企业规定的期限和交费方式交清电费,不得拖延或拒交电费。用户应按国家规定向供电企业存储电费保证金。"而目前国家对电费的支付方式是没有明确规定的,因此当事人对付款方式的约定只要不违反国家法律法规的规定即为合法。鉴于此,预收电费方式只要是基于供用电双方协商一致,就属于当事人的约定范畴。因此,对企业用户(尤其是大客户)实施预付电费完全符合《合同法》第 182 条交付电费规定。

二、符合《合同法》第 161 条支付价款时间规定

《合同法》第 161 条规定:"买受人应当按照约定的时间支付价款。对支付时间没有约定或者约定不明确,依照本法第六十一条的规定仍不能确定的,买受人应当在收到标的物或者提取标的物单证的同时支付。"只要在供用电合同中明确约定支付价款的时间,就可以按约定时间支付电费,而不一定需要先用电、再支付电费。因此,对企业用户(尤其是大客户)实施预付电费,完全符合《合同法》第 161 条支付价款时间规定。

三、预付电费可作为履行《合同法》"不安抗辩权"手段

不安抗辩权,亦称"保证履行抗辩权",是指按照合同约定或者依照法律规定应当先履行债务的一方当事人,如发现对方的财产状况明显恶化,债务履行能力明显降低等情况,以致可能危及债权的实现时,可主张要求对方提供充分的担保,在对方未提供担保也未对待给付之前,有权拒绝履行。供电合同中的供电方是先履行方,所以供电方可以适用不安抗辩权的规定来预防因用电方欠电费而造成的损失。

《合同法》第 68 条规定:"应当先履行债务的当事人,有确切证据证明对方有下列情形之一的,可以中止履行:经营状况严重恶化;转移财产、抽逃资金,以逃避债务;丧失商业信誉;有丧失或者可能丧失履行债务能力的其他情形。当事人没有确

切证据中止履行的,应当承担违约责任。"第 69 条规定:"当事人依照本法第 68 条规定中止履行的,应当及时通知对方。对方提供适当担保时,应当恢复履行。中止履行后,对方在合理期限未恢复履行能力并且未提供适当担保的,中止履行的一方可以解除合同。"

根据《合同法》不安抗辩权的规定,可以大大地缩短供电企业因用电方欠费而停电的时间,避开《电力供应与使用条例》第 39 条(逾期未交电费的,自逾期之日起计算超过 30 日,经催交仍未支付电费的,供电企业可以按照国家规定的程序停止供电)对停电时间的不利限制,在供电企业通知用电方后,用电方仍未交电费时,就可依法对其停电,从而有效地避免电费的更大损失,保护供电企业的合法权益。

因为,从《合同法》《电力供应与使用条例》和《供电营业规则》中三者的法律效力来看,《合同法》属于法律的范畴,《电力供应与使用条例》属于行政法规,《供电营业规则》属于部门规章。依据法律效力规定,法律的法律效力大于条例的法律效力,条例的法律效力大于规章的法律效力。在法律、条例和规章三者对同一问题的规定出现法律冲突时,应当适用法律的规定。所以供电企业可以优先适用《合同法》对不安抗辩权的规定,来防范电费回收风险。

实践中,供电企业在行使不安抗辩权时,可根据实际情况,充分考虑用电方利益,对用电方每月分 2 至 3 次进行抄表结算,要求用电方每月分 2 次或 3 次按照抄表情况采取"预付电费制",一旦不能按时分期预付电费,用电方应提供有效的电费担保(即《担保法》规定的保证金)。此种做法,供电方应与用电方签订《供用电合同》和《电费保证合同》,或在《供用电合同》中设立保证条款,依法明确供用电双方权利和义务关系,减少不必要用电纠纷的发生。《合同法》和《中华人民共和国担保法》的支持,既能有效降低供电企业电费回收风险,又缩短了电力商品交易的结算周期,减小供电方占有用电方担保资金总量,容易取得社会的支持和用电方的理解,操作中阻力相对较少。

第二节 符合《电力法》及电力行业相关政策规定

国家相关部门为确保电力行业健康发展,专门出台了《电力法》《电力供应与使用条例》及相关政策,分析表明,"预付电费"完全符合《电力法》及相关行业政策规定。

一、符合《电力供应与使用条例》交付电费方式规定

《电力供应与使用条例》第 27 条明确规定："用电人应当按照国家批准的电价，并按照规定的期限、方式或者合同约定的办法，交付电费"。这就从电力行业法规的角度，确立了把预收电费方式作为用电人交付电费方式的约定合法化。只要供电企业在采取"预付电费"缴费模式时，充分与用户沟通谈判、达成预付电费共识，并通过合同约定，即符合《电力供应与使用条例》第 27 条规定。

二、国家经贸委复函明确回复"预付电费"不违法

中华人民共和国国家经济贸易委员会《关于安装负控计量装置供用电有关问题的复函》（国经贸厅电力函〔2002〕第 478 号）规定："用电人先付费、供电企业后供电是近年出现的一种新型供用电方式。采取此种方式供用电不违反法律、法规的规定，但须经供用电双方协商一致。"也就是说，只要双方对此方式在合同中有约定即是合法。这些都为预收电费方式的实施提供了较为有力的政策与法规依据。

三、符合《电力法》第 33 条关于计收电费的规定

《电力法》第 33 条明确规定："供电企业应当按照国家核准的电价和用电计量装置的记录，向客户计收电费。"由于预收电费方式并不是一种最终的电费结算方式，只要在实施"预付电费"中，遵循电费最终收取是以客户的用电计量装置记录的数据为依据，通过核算，实行多退少补的原则予以最终结算的，这种预收电费方式与《电力法》规定的按计量装置的记录收取电费并不矛盾。

第三节　地方出台《用电条例》明确可采取预付电费

部分省、市为了解决供用电出现的一些问题，确保电力行业健康发展及国有资产保值增值，专门出台了地方法规，通过分析表明，凡专门出台了地方《用电条例》的省、市，基本上都明确支持"预付电费"收费模式。

一、地方立法明确"预付电费"合法地位已成趋势

为了解决电费回收风险，营造诚信、公平、公正的社会环境、减少国有资产流失、确保国有资产保值增值，在电力系统推动下，各省市根据自身情况，通过地方人大常

委会出台具有地方特色的地方性法规——《用电条例》,并明确规定预付费作为重要结算方式。为"预付电费"合法化提供坚强支持,已经成为地方解决当前供用电相关问题的一种新手段。当前,云南省、重庆市、青海省、福建省、河南省等省、市已经出台地方用电条例,其他省市也在逐步跟进和探索。

二、案例:典型省市《用电条例》关于预付电费的规定

云南:《云南省供用电条例》第 17 条等规定,供电企业对用电户可以预收电费,但不得超过用户一个月预计用电量的电费。

重庆:《重庆市供用电条例》第 34 条规定,用电人可选择采用购电制、预存电费、分期结算等方式缴纳电费。对于有拖欠电费记录的用电人,供电企业可以选择收费方式。供电企业选择预存电费收费方式的,不得超过用户一个月预计用电量的电费。

青海:《青海省供用电条例》第 30 条规定,供电企业应当按时准确抄表,可以根据电力用户的信用状况及履约能力,分别采取购电制、预付电费、分期结算等方式,向电力用户计收电费。对容量 315 千伏安以上的电力用户,供电企业可以每月三次抄表,电力用户应当在抄表后五日内结清电费。采取预付电费方式的,其预收电费不得超过用户一个月预计用电量的电费。

福建:《福建省供用电条例》第 44 条规定,供电企业在发电、供电系统正常情况下,应当连续向用户供电,不得中止供电。但采用购电制方式的用户,电费账户余额为零可终止供电。

第三章 "预付电费"收费模式的法律风险

通过第二章分析可以得出"预付电费"收费模式在法律上是完全合法的、实践上是可操作的,但在实施过程中,由于操作不规范、相关防控措施不到位等原因,也存在较大的风险,甚至导致供电企业面临法律纠纷、陷入被动局面。主要的法律风险要素如图 3-1 所示。

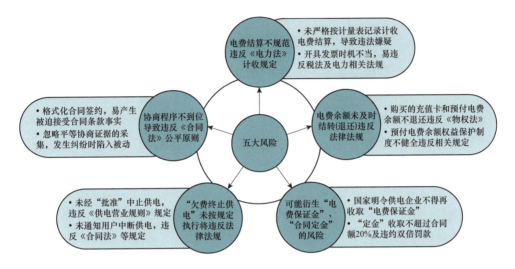

图 3-1 "预付电费"存在的主要法律风险要素

第一节 电费结算不规范导致违反《电力法》计收规定

《电力法》第 33 条规定"供电企业应当按照国家核准的电价和用电计量装置的记录,向用户计收电费",《电力供应与使用条例》和《供电营业规则》也对此做出相应的规定。这些法规中的"计收"一词应该理解为根据计算用电量来收取费用,由此可以看出,只有在用户用电后计量装置才能显示出用电量的记录,显然在这之后才能向用户收取用电费。在实际操作中,存在两种不规范操作,容易违反该规定,造成法律纠纷。

一、未严格按计量表记录计收电费结算,导致违法嫌疑

在"预付电费"缴费模式中,若供电部门在与客户签订的协议和实际结算流程内容中,没有明确规定"预付电费"结算时序是先预收,然后定期(如一个月)按实际用电量结算,或在实际操作中,为了图省事,不与客户进行沟通、不打印具有法律效

力的结算文件资料,容易导致用户容易产生预收电费即是计收的错误理解或想象空间,这样不仅用户对此会产生质疑,还很有可能违反相应的法规,造成后果。《电力法》第 66 条规定中提到:违反《电力法》第 33 条规定,未按照国家核准的电价和用电计量装置的记录向用户计收电费、超越权限制定电价或者在电费中加收其他费用的,给予警告甚至处罚;情节严重的,给予行政处分。

二、开具发票时机不当,易违反税法及电力相关法规

当前个人用户预收费基本上采取收费即开票模式,通过对实施"预付电费"用电企业调查发现,都希望预缴费时开具发票,以便抵税,但根据《中华人民共和国发票管理办法实施细则》中第四章第三十三条的规定"填开发票的单位和个人必须在发生经营业务确认营业收入时开具发票"和《电力法》第 33 条关于电费计收规定,只有根据当月抄表后计算出的月度使用电量,才是供电部门实际的营业收入,依据相应电量的电费金额为用户开具发票。由于用户预交的电费不具备确认电力销售收入的条件,所以供电公司对于预交电费的用户只能提供"收款收据"作为其交纳预购电款项的依据。对预收电费提供"收款收据",待其计入销售收入后再开具发票。如果在预收电费时就开具发票,将违反税法及电力相关法规。

第二节　协商程序不到位导致违反《合同法》公平原则

《合同法》第 177 条规定"供用电合同内容包括供电的方式、质量、时间、用电容量、地址、性质,计量方式、电价、电费的结算方式、供用电设施的维护责任等条款。"也就是说,按照这一规定,供用电双方可以就电费缴纳方式进行单独约定,只要双方意见达成一致,既可以约定客户采用"先交费后用电"的"预付电费制",即"预交电费",还可以采取其他结算方式。从实践上看,目前这种以《合同法》第 177 条的规定,作为防范电费回收风险的法律依据,在部分用电企业中得到了较好的执行。但是,由于供电企业在实际操作过程中,因协商程序不到位,容易违背《合同法》公平协商原则,主要表现在两个方面。

一、格式化合同签约,易产生被迫接受合同条款事实

当前,供电企业大部分是以格式合同作为"预付电费"协议模版,如果工作人员为了工作方便或专业素养不够,在签协议过程中忽略沟通协商的重要性,诱导或胁

迫用户签订格式合同文本,一旦因用电方不能按时预缴电费而停电,用电方在采取法律措施时,用户将以格式合同是供电方强加给自己的为由,要求取消签有"预付电费制"内容的《供用电合同》或提出合同无效(提供格式合同条款的一方免除其责任、加重对方责任、排除对方财产权利的,该条款无效),这使供电企业胜诉的可能性将受到质疑。

二、忽略平等协商证据的采集,发生纠纷时陷入被动

在与用户协商签订"预付电费"补充协议时,由于管理程序不到位,忽略对条款进行多次修改的文本证据保留,忽略谈判协商时让客户在自愿书上签字及相关录音录像进行留存,一旦发生法律纠纷,用户认为将"预付电费制"(即先交费后用电)写入《供用电合同》条款之中进行约定,在很大程度上是供电企业强加于自己的结果,是迫于"垄断企业之威",不是自己真实意思的表达,供电部门就会因为无法提供签约公正性的证据而陷入被动。

第三节 "欠费终止供电"未按规定执行将违反法律法规

应该说,当前供电部门的"预付电费"系统功能都很强大,技术也非常成熟,在远程就可以对欠费用户进行停电,但是,信息化带来的便利性,也可能因程序执行不到位或系统设计自动化程度高等因素,未能严格按相关法律法规的规定终止对用户供电,导致供电企业与用户发生法律纠纷。"欠费终止供电"面临的法律风险主要在两个方面。

一、未经"批准"中止供电,违反《供电营业规则》规定

《供电营业规则》第六十六条规定:"在发供电系统正常情况下,供电企业应连续向用户供应电力。但是,有下列情形之一的,须经批准方可中止供电:……2.拖欠电费经通知催交仍不交者……"第六十七条规定:"除因故中止供电外,供电企业需对用户停止供电时,应按下列程序办理停电手续:1.应将停电的用户、原因、时间报本单位负责人批准。批准权限和程序由省电网经营企业制定;2.在停电前三至七天内,将停电通知书送达用户,对重要用户的停电,应将停电通知书报送同级电力管理部门;3.在停电前30分钟,将停电时间再通知用户一次,方可在通知规定时间实施停电。"

二、未通知用户中断供电，违反《合同法》等规定

《合同法》第一百八十条规定："供电人因供电设施计划检修、临时检修、依法限电或者用电人违法用电等原因，需要中断供电时，应当按照国家有关规定事先通知用电人。未事先通知用电人中断供电，造成用电人损失的，应当承担损害赔偿责任。"第一百八十二条规定："用电人应当按照国家有关规定和当事人的约定及时交付电费。用电人逾期不交付电费的，应当按照约定支付违约金。经催告用电人在合理期限内仍不交付电费和违约金的，供电人可以按照国家规定的程序中止供电。"

《电力法》第二十九条规定："供电企业在发电、供电系统正常的情况下，应当连续向用户供电，不得中断。因供电设施检修、依法限电或者用户违法用电等原因，需要中断供电时，供电企业应当按照国家有关规定事先通知用户。"第五十九条规定："电力企业或者用户违反供用电合同，给对方造成损失的，应当依法承担赔偿责任。电力企业违反本法第二十八条、第二十九条一款的规定，未保证供电质量或者未事先通知用户中断供电，给用户造成损失的，应当依法承担赔偿责任。"

第四节 可能衍生"电费保证金""合同定金"的风险

预收电费是供电部门在用户还没有发生实际用电而提前收取的用电费用，由于操作方法不同，最终预收的电费性质归属不同，包括"保证金""定金""订金"或"预收货款"等形式，这些形式的不同定性决定了其所带来的风险也不一样。而作为"保证金"和"定金"风险最大。

一、国家明令供电企业不得再收取"电费保证金"

1999年11月6日财政部、国家经贸委、国家计委、审计署、监察部、国务院纠风办《关于公布第三批取消的各种基金（资金、附加、收费）项目的通知》（财综字〔1999〕180号）公布以后，供电企业不得再收取电费、电度表保证金。因此，如果将预付电费收取款项作为保证金，是没有法律依据的。从现实操作来看，不少地区将预收电费作为"电费保证金"，这与中央政策是违背的，一旦发生纠纷，供电部门将面临承担违规责任的风险。

二、"定金"收取不超过合同额 20% 及违约双倍罚款

《中华人民共和国合同法》规定了几种担保方式,即抵押、质押、保证、定金等,供电部门在给用户供电前收取的现金,作为该用户履行《供用电合同》的履约担保,即定金。定金担保,适用《中华人民共和国合同法》关于定金的有关规定,即提供定金的一方违约,守约方不退还定金,若收取定金的一方违约,须双倍返还给提供方。因此,定金担保既是一种违约制裁手段,也是一种履约担保手段。据此,供电部门在给用户供电前为确保电费回收而收取的现金,在书写相关票据时,言明该款项为履行《供用电合同》的定金,适用《合同法》的定金法则。

而据《担保法》第九十一条规定,对定金的数额由当事人约定,不得超过主合同标的额的百分之二十。司法解释规定,当事人约定的定金数额超过主合同标的额的百分之二十的,超过的部分人民法院不予支持。这条规定的意图显然是限制给付数额过大的定金,将定金的惩罚限定在一定的限度内。

第五节 电费余额未及时结转(退还)违反法律法规

供电部门为了更好地推行"预付电费"收费模式,拓展了各种便利措施和载体,如:电费充值卡、预付电表卡、通过银行或柜台进行系统在线充值。但不管何种形式,如果对电费余额不及时结转(或退还),供电部门可能面临法律风险。

一、购买的充值卡和预付电费余额不退还违反《物权法》

用户通过充值卡或预付电费方式充值,实际上与供电企业之间形成了一种事实上的合同关系。用户手中的充值凭证既是合同关系的债权凭证,体现为用户对购买电所享有的消费权利,也是对预付电费享受所有权的财产证明。因双方按合同规定,需要终止供电,如果用户电表内还有电费余额,根据《物权法》第二十三条规定:关于动产物权的设立和转让,自交付时发生效力。可以理解为剩余电量余额若没有因用电消费被扣除,没有发生法律规定上的转让,该余额的所有权仍然为用户所有。用户如果要求退还电费余额,供电企业有返还余额的义务,应归还消费者,不能随意侵占。

二、预付电费余额权益保护制度不健全违反相关规定

2011 年 5 月 23 日《国务院办公厅转发人民银行监察部等部门关于规范商业预付卡管理意见的通知》（国办发〔2011〕25 号）中指出：加强预付资金管理,维护持卡人合法权益,是防范金融风险的重要手段,必须引起足够重视,进一步完善工作机制。人民银行、商务部要继续健全商业预付卡收费、投诉、保密、赎回、清退等业务管理制度,全面维护持卡人合法权益。为防止发卡人无偿占有卡内残值,方便持卡人使用,记名商业预付卡不设有效期,不记名商业预付卡有效期不得少于 3 年。对于超过有效期尚有资金余额的,发卡人应提供激活、换卡等配套服务。因此,供电企业如果预付费余额权利保护制度不健全将面临违规风险。

第四章 "预付电费"收费模式的法律风险防控

对企业用户实施"预付电费"收费模式,虽然在法律上可行,但在操作过程中,也存在较大的法律风险。因此,实施推广"预付电费"收费模式的关键,是如何在操作过程中,完善法律风险防控措施,确保"预付电费"收费模式顺利推行。

第一节　"预付电费"法律风险防控理论模型

"预付电费"的风险防控,必须在风险防控理论指导下,针对"预付电费"业务特点,构建"预付电费"法律风险防控理论模型。

一、预付电费法律风险防控体系的"钻石模型"

预付电费的法律风险防控"钻石模型"由法律及政策完善、法律风险意识、利益方支持及谅解、制度及流程、风险发现及评价、预案及资源调配6个维度组成(详见图4-1),并通过风险管理的驱动,结合预付电费业务操作特点,将6个维度分解为12个防控要素。要素之间既是相对独立又紧密支持,构成了如同钻石结构稳固的法律风险防控体系。

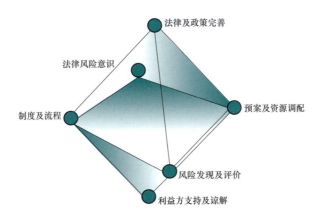

图 4-1 "预付电费"法律风险防控"钻石模型"

二、"钻石模型"的"12 个防控要素"诠释说明

"预付电费"法律风险防控体系的"钻石模型"中的 6 个维度可分解为 12 个防控要素,具体见表 4-1。

表 4-1   "预付电费"法律风险防控要素

维度	序号	要素	说明
法律及政策完善	1	现有法律及政策评估	对现有法律及政策对预付电费业务推广支持程度进行分析,及时发现不利的法律及政策规定
	2	完善法律及政策的能力	对现有法律及政策问题提出完善建议,营造有利于"预付电费"业务推广的政策环境
法律风险意识	3	领导决策风险意识	实施推广"预付电费"模式、解决实际问题等决策过程中树立的法律风险意识
	4	岗位法律风险意识	与"预付电费"相关的工作岗位员工在开展业务活动过程中树立的法律风险意识
利益方支持及谅解	5	对新业务模式支持度	"预付电费"模式获得政府、企业、媒体等利益方支持,供电企业为提高支持度所做的增值服务和媒体宣传
	6	对违规行为的谅解程度	供电方在实施"预付电费"业务中,得到政府、企业、媒体等利益方对可能违规行为或法律法规没有规定行为的谅解
管理制度及流程	7	制度及流程完备性	对涉及法律风险的重要事项,以制度的形式对事前预防、事中控制和事后补救做出明确规定。根据市场环境的变化,适时做出相应的修改
	8	制度与流程执行度	对规章制度执行,建立完善的监督、考核机制,确保"预付电费"操作过程中严格按章办事,避免因制度和程序执行不到位面临法律风险
风险发现及评价	9	法律风险发现及评价	建立起预收电费法律风险的调查、收集、识别的工作流程、信息采集渠道、平台和机制
	10	法律风险评估机制	对采集法律风险要点,从专业人员配置、工作方法和工作流程等方面建立起的评估机制

维度	序号	要素	说明
预案及资源调配	11	法律纠纷应急预案	"预付电费"业务推广中,当发生法律纠纷后,从舆论引导、利益方沟通协商、政府汇报、纠纷调解及司法应对等领域建立起工作机制、人员保障、经费保障和机构保障
	12	预防及解决纠纷的资源整合	积极整合解决"预付电费"法律风险需要涉及的资源并提前做好沟通工作,争取得到理解和支持,如:政府、媒体、社会调解机构、信访、司法、税务、律师等

（1）现有法律及政策评估。对现有法律及政策对"预付电费"业务推广支持程度进行分析,及时发现不利的法律及政策规定。

（2）完善法律及政策的能力。对现有法律及政策问题提出完善建议,营造有利于"预付电费"业务推广的法制及政策环境。

（3）领导决策风险意识。实施推广"预付电费"模式、解决实际问题等决策过程中树立的法律风险意识。

（4）岗位法律风险意识。与"预付电费"相关的工作岗位员工在开展业务活动过程中树立的法律风险意识。

（5）对新业务模式支持度。"预付电费"模式获得政府、企业、媒体等利益方支持,供电企业为提高支持度所做的增值服务和媒体宣传。

（6）对违规行为的谅解程度。供电方在实施"预付电费"业务中,得到政府、企业、媒体等利益方对可能违规行为或法律法规没有规定行为的谅解。

（7）制度及流程完备性。对涉及法律风险的重要事项,以制度的形式对事前预防、事中控制和事后补救做出明确规定。并根据市场环境的变化,适时做出相应的修改。

（8）制度与流程执行度。对规章制度执行,建立完善的监督、考核机制,确保"预付电费"操作过程中严格按章办事,避免因制度和程序执行不到位面临法律风险。

（9）法律风险发现及评价。建立起预收电费法律风险的调查、收集、识别的工作流程、信息采集渠道、平台和机制。

（10）法律风险评估机制。对采集法律风险要点,从专业人员配置、工作方法和工作流程等方面建立起的评估机制。

（11）法律纠纷应急预案。"预付电费"业务推广中,当发生法律纠纷后,从舆论引导、利益方沟通协商、政府汇报、纠纷调解及司法应对等领域建立起工作机制、人员保障、经费保障和机构保障。

（12）预防及解决纠纷的资源整合。积极整合解决"预付电费"法律风险需要涉及的资源并提前做好沟通工作，争取得到理解和支持。如：政府、媒体、社会调解机构、信访、司法、税务、律师等。

第二节 "预付电费"法律风险防控的具体措施设计

通过"预付电费"收费模式面临的法律风险要素分析，结合"预付电费"法律风险防控的"钻石模型"，设计具体的法律风险防控措施。

一、积极推动地方立法，提出完善相关法律及政策的建议

根据"预付电费"法律风险防控"钻石模型"——法律及政策完善的理论指导，需要对现有法律及政策问题提出完善建议，营造有利于预付电费业务推广的法律及政策环境。当前需要做好两个方面法律法规的健全工作。

1. 推动地方人大立法，为"预付电费"奠定坚实法理保障

通过省、市人大立法，出台地方供电条例明确"预付电费"合法地位已成趋势，当前云南省、重庆市、青海省、福建省、河南省等省、市已经出台地方用电条例，明确预付电费作为电费支付模式之一，其他省市也在逐步跟进和探索。因此，建议由各省电力公司与各省人大积极沟通，出台《用电条例》，明确将"预付电费"作为电费收费模式之一。这是为预付电费推行奠定坚实法理依据最快、最有效而且还是一劳永逸的办法。

2. 推动对《电力法》《电力供应与使用条例》进行完善，明确"预付电费"作为电费收取方式之一

当前，根据《电力法》第33条规定："供电企业应当按照国家核准的电价和用电计量装置的记录，向用户计收电费"和《电力供应与使用条例》第27条规定："用电人应当按照国家批准的电价，并按照规定的期限、方式或者合同约定的办法，交付电费"，可以找到预付电费合法化的重要证据，但在实际操作过程中，《电力法》《电力供应与使用条例》相关条文没有明确说明"预付电费"作为电费收取方式，当发生法律纠纷时，这成为用户控诉供电部门违法的重要法律条文。因此作为远景考虑，从避免国有资产流失、确保国有资产保值增值，维护社会的公平正义、消除因法律不明确带来的社会不稳定因素角度，建议供电企业积极与国家行业监管部门

及国家立法机构沟通,推动在国家法规层面明确"预付电费"作为电费收取的方式之一。

二、开展"预付电费"法律风险专项培训,强化法律风险意识

根据"预付电费"法律风险防控"钻石模型"——法律风险意识的理论指导,在推广实施"预付电费"收费模式中,要强化领导决策风险意识和职工岗位法律意识。主要做好两个方面工作。

1. 编制《预付电费法律风险及防控》教材

组织律师、政策专家、技术业务专家共同编撰《预付电费法律风险及防控》教材,结合"预付电费"业务特点,通过与工作岗位流程结合,系统分析在"预付电费"操作过程中各岗位可能面临的法律风险,提出具体防控措施。

2. 开展全员性"预付电费"法律风险专项培训

由于企业用户用电量大、涉及金额大,法律意识、维权意识、经济意识都很强,同时"预付电费"模式与传统模式比较,无论在管理、流程还是专业技术支持上,都有较大差异。因此,建议由省电力公司牵头,根据岗位特点分层、分类的组织全员性专项培训,强化"预付电费"法律风险意识。

三、建立商业服务理念、拓宽服务领域、提升专业能力

根据预付电费法律风险防控"钻石模型"——利益方支持及谅解的理论指导,在推广实施"预付电费"收费模式中,要调查了解用户需求,完善增值服务、提升专业能力。让政府、企业、媒体等利益方正向理解"预付电费"的必要性及可能带来的好处,得到其支持并自愿积极参与"预付电费"业务。供电企业主要做好三个方面工作。

1. 建立现代电力商业服务新理念

在理念上,加大"大营销"体系建设力度,应从简单电费回收安全防控的服务理念,转变到现代电力商业服务等更高层次的服务理念上来,实现与客户合作双赢和深层次的互动,提升和改进电力大客户的服务质量。建立良好的客我关系有利于提升客户的满意度,有利于构建和谐的"预付电费"推广工作局面。

2. 建立多元化用户电力需求调查机制

满足客户的电力需求是供电企业实现客户满意的前提和基础,需要让客户提前预付电费,更需要得到用户支持,建立多元化用户电力需求调查机制就显得非常有必要,多元化的需求调查机制包括:

(1)**问卷调查**。通过邮寄问卷、现场随机调查、网络调查等手段,建立定期问卷

调查机制,积极开展用户增值业务需求问卷调查,准确了解用户增值业务需求,以便制定增值服务提高对用户的吸引力,提高服务质量和水平。

（2）**定期召开专题研究会议**。为了解客户需求,定期召开专题会议,通过对用户投诉、法律纠纷等关键事件的研究,了解客户真正的需求;与客户建立定期沟通的会议机制,双方开诚布公地交谈来达成对某关键事件的一致意见。

（3）**建立投诉请求分析制度**。一个优秀的企业,不仅认真倾听客户投诉,而且还应将客户投诉看作是了解客户真正需求、加强客户沟通及如何对员工工作进行改进的良方,并将合理解决投诉作为化解法律风险的重要沟通渠道。

（4）**建立企业走访调查机制**。根据用电情况建立企业等级管理体系,企业安排相应级别的领导定期进行走访,由专职大客户经理负责收集、整理和分析客户反映的问题和服务需求。

3. 探索差异化、个性化服务,与第三方机构合作拓宽服务领域、提升专业化服务能力

主要包括在三个领域设计服务项目和延伸服务内容。

（1）**开展需求侧技术服务指导**。供电公司结合现行电价政策、节能工作重点,每年定期或不定期地举办电力需求侧技术培训班,指导客户改善负荷特性,降低设备能耗,错峰移峰合理用电,充分使用电价政策降低电费支出,宣传推介需求侧示范工程,引导客户采用先进的能效管理手段。

（2）**开展受电设备安全检查**。供电公司每年不定期组织对客户受电设备运行情况的检查,发现事故隐患,防患于未然。同时,介绍电力设备产品、防范事故措施和运行管理经验等。

（3）积极与第三方合作延伸服务领域,如:与金融机构合作建立"大客户电费保理"新型金融服务,建立电费担保、联保机制及服务体系,在转移电费回收风险的同时也提供增值金融服务;与银行、便利店、社区服务站、物业公司及网络销售平台（淘宝等）、网络支付平台（支付宝）、物流公司合作建立代缴电费、购买充值卡业务,拓宽销售及缴费渠道;与第三方合作开展电费赠送活动,虽然电费价格受国家控制,电力企业不能自行通过价格优惠的方式来鼓励预付费消费,但是可以通过第三方合作支持、购买电费赠送形式,达到降价回馈客户的效果,这也是中国石化、中国移动公司在推行预付费降价方面的成功经验。

（4）开展电费积分回馈奖励活动,供电公司可以开展积分回馈,通过客户"预付电费"的积分,按照缴费金额的 5‰~10‰ 的比例在客户充值卡内产生积分,1 个积分等值 1 元,积分可以用来购买电费、兑换礼品、参加大客户组织的各项活动。

四、完善管理制度,确保操作规范、制度明确、合同严谨

根据"预付电费"法律风险防控"钻石模型"——管理制度及流程的理论指导,在推广实施"预付电费"业务模式中,存在的法律风险要素主要是操作不规范、制度不明确、签订合同不严谨等因素导致的。因此,需要重点完善5个方面的管理工作,以降低风险。

1. 严格执行按计量表记录结算电费规定、明确结算后开具发票的制度

完善"预付电费"管理办法,在与客户签订的补充协议文本中应明确规定"预付电费"结算时序是先预收,后结算(如一个月按实际用电量结算),打印具有法律效力的电费结算文件资料,避免因未严格按计量表记录计收电费结算导致违法。在开具收款凭证方面,供电公司对于预交电费的用户只能提供"收款收据"作为其交纳预购电款项的依据,待与用户结算并计入销售收入后再开具发票,避免因预收电费时就开具发票导致违反税法及电力相关法规风险。

2. 做好沟通,尽力满足个性化需求,并做好与客户平等协商证据的采集

强化对从业人员沟通能力的培养,在采用格式化合同签约时,需要与用户积极沟通、协商,将协商后用户要求补充的内容进行补充,并得到用户确认;保留用户自愿和平等协商的证据,如签订《用户自愿选择预付电费声明》,保留对条款进行多次修改的文本证据,对协商过程尽可能进行录音录像留存。

3. 严格执行欠费停电程序,完善协议免责条款和管理系统避免违规停电

(1)严格执行《供电营业规则》第 66 条停电审批程序,《合同法》第 108 条、《电力法》第 29 条关于停电用户告知规定。

(2)完善《供用电合同》。供用电合同关系属于平等主体之间的自由契约,其所签署的合同文本自然成为规定和约束双方行为的准则。在使用预付费电能表的供电合同里,应该对体现预存电费和欠费自动中止供电的条款作以特别约定,如"乙方(用电人)自愿选择使用预付费电能表计量方式,在预存电费的情况下方可利用电能,欠费时,甲方(供电人)有权中止供电,并不承担责任……"。

(3)升级软件管理程序。完善及时催收电费和通知欠费用户中止供电功能,在用户预付费低于某一设定额度或因欠费需中止供电时会自动发送信息通知该用户。同时,也可把纸质的欠费需终止停电通知发到用户手中,这样,便符合了《供电营业规则》第六十七条关于停电程序的规定,避免了违反《电力法》第五十九条的规定所产生的法律风险。

(4)选择性使用预付费电能表。对于停电可能造成重大损失的生产企业应该慎重选择是否适用"预付电费"收费模式,对何类用户适用预付费电能表,需考虑管理

效应、经济效应、社会效应等综合因素后做出科学合理的选择。

（5）管理系统上线前做好"预付电费"管理系统测试工作，确保上线前系统运行稳定，权限控制合理，避免因系统设计缺陷导致自动停止用户供电的误操作。

4. 在协议及管理制度中，清晰界定电费预付款的性质，并根据性质明确约定条款和管理流程

（1）**"预付电费"作为"押金"性质操作模式的风险防控。**"预付电费"即在月底进行结算，实现多退少补，因此，往往供电企业在操作过程中，将其变成了押金的性质。一旦定位为押金，供电企业应当严格依照《担保法》相关规定执行，将风险回避。《担保法》第六十三条规定："本法所称动产质押，是指债务人或者第三人将其动产移交债权人占有，将该动产作为债权的担保。债务人不履行债务时，债权人有权依照本法规定以该动产折价或者以拍卖、变卖该动产的价款优先受偿。"第六十四条规定："出质人和质权人应当以书面形式订立质押合同。质押合同自质物移交于质权人占有时生效。"第六十五条规定："质押合同应当包括以下内容：（一）被担保的主债权种类、数额；（二）债务人履行债务的期限；（三）质物的名称、数量、质量、状况；（四）质押担保的范围；（五）质物移交的时间；（六）当事人认为需要约定的其他事项。"第七十条规定："质物有损坏或者价值明显减少的可能，足以危害质权人权利的，质权人可以要求出质人提供相应的担保。"依据《担保法》规定，电费质押担保需要控制好四个风险点：

1）双方必须先在供用电合同中增加电费押金条款或另行订立电费押金担保合同，该条款或该合同自电费押金移交于供电人占有时生效；

2）电费押金的移交和占有方式一般应采取在供电人处设立银行专户的方式；

3）双方应当在条款或合同中约定时间、数量、范围。具体为：①所担保的电费具体数额或最高限额（必须纠正没有电费债权数额的做法）；②用户电费债务的履行期限（可以约定按月份结算周期作为电费债务的履行期限，即超过该周期即可动用电费押金；也可以约定以整个供用电合同的有效期为履行周期，即当合同终止时才动用电费押金）；③电费押金的数量；④电费押金的担保范围，即除了电费本金外，是否还包括违约金或利息、实现质押权的费用；⑤电费押金移交的时间；⑥押金数额的增补期限，即当押金因用于填补每月电费差额而相应减少时，应在多长时间内填充至满额。

4）应当依法处理押金利息。应纠正退回押金时不退利息的错误做法，明确约定当最终退回押金时应包括相应利息，当押金本金不足以清偿电费本金时，清偿的效力及其利息。

（2）**作为购买相应电量"预付款"操作模式的风险防控。**预付款是在合同具有先后履行的情况下,后履行义务一方为先履行义务一方提供一部分资金上的帮助,即实现用户先付费、供电企业后供电的交易模式。

1)关于预付款法律界定。应不能从功能上去界定预付款的定义。事实上,预付款只不过是人们交易中习惯的说法,并不是一个严谨的法律概念。从法律上说,预付也是支付,二者并无本质上的差别。如果说它是后履行一方的先行支付,那么只要它的支付依据是来自双方的约定,它就不过是全部支付行为中的部分,或者是最先支付的部分。如果一定要拘泥于"预"的含义,或许只能就结算而言,即不是一次性的、可调整、待结算的支付。但无论如何,它就是债务履行的本身,其所谓"预先性"根本不具有法律上的意义。因此,只要抛开预付款的所谓"功能"属性,只要双方在供用电合同中约定:先由用户支付一定数额的款项、供电人再开始供电,就达到了改变合同义务履行顺序的目的。

2)关于"预付款"的数额界定。"预付款"的支付也属合同约定事项,因此不存在单方决定的可能。从逻辑上说,"部分"既可以是"小部分"、也可以是"中部分"甚至是"大部分",双方完全可以依照合同实际需要或交易的一般规则作适当的约定。比如,建设工程承包合同的承包方一般都要求发包方先"预付"总造价30%的备料款。

3)用电、供电人权责关系的界定。即购买相应电量比预付电费更利于供电企业使用停电手段自我救济。因为"预付款"仅仅为部分支付,这意味着用户实际用电的费用已经超过预付款时,至结算周期前还有继续用电的权利,也即供电人不能因此停电,这对供电人全额回收电费来说可能会有一定的风险。而购买相应电量即可以解释为或在签约时就应明确用电人是以一定的价款购买使用相应电能的权利,当余额为零而又不继续付费时,则表明其对继续用电权利的放弃(IC卡表用电是这种方式典型的技术手段),这时的停电便更具有法律和情理上的依据。在这个意义上,在可能的情况下,供电企业应当争取将双方的权利义务设定为购买相应电量。

5. 电费余额及时结转(退还),完善余额权益保障机制

定期电费结算后(如一个月),用户尚未消费的电费余额(包括电费充值卡、预付电表卡、通过银行或柜台进行系统在线充值等预付电费),需要及时退还用户,不能随意侵占。当然,也可合同约定退还后的费用可作为下一期预付电费的一部分。在制度上也要完善余额权益保障机制。

五、建立完善风险收集、识别机制及法律风险评价机制

根据"预付电费"法律风险防控"钻石模型"——风险发现及评价的理论指导,在推广实施"预付电费"收费模式中,要建立起预收电费法律风险的调查、收集、识

别的工作流程、信息采集渠道、平台和机制,建立对风险的评估机制。供电企业应主要做好两个方面工作。

1. 组建风险管理团队、引进专业风险识别技术,建立预付电费风险识别体系

专门组建由法律、管理和业务等专业人员组成的风险管理团队。建立包括基于"预付电费"流程分析法、历史事件分析法、德尔菲分析法、情景模拟法等的识别手段措施,识别预付电费潜在的和现实的法律风险点、风险源、分布领域,根据重要性和严重性建立风险清单。"预付电费"法律风险等级划分如图 4-2 所示。

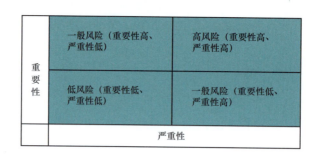

图 4-2 "预付电费"法律风险等级划分

2. 建立和完善预付电费 LEC 法律风险评价体系

LEC 法律风险评价法可全方位、理性、客观、量化分析"预付电费"的法律风险。

$$风险分值 D=L \times E \times C$$

式中:L 为发生事故的可能性大小;E 为业务活动的频繁程度;C 为一旦发生事故会造成的损失后果。

D 值越大,说明该系统危险性大,需要采取措施:或改变发生事故的可能性,或减少业务活动的频繁程度,或减轻事故损失,直至调整到允许范围内。"预付电费"法律风险评估工具见表 4-2。

表 4-2　　　　　　　　　"预付电费"法律风险评估工具

法律风险评价								
序号	业务部门	业务活动	可能的危险后果	已采取的措施	评价得分	风险判定	应采取的措施	残余的风险等级

六、编撰应急预案，与相关行政及社会机构保持良好沟通

根据预付电费法律风险防控"钻石模型"中预案及资源调配的理论指导，在推广实施"预付电费"收费模式中，要建立法律纠纷应急预案和预防及解决纠纷的资源整合机制。供电企业应主要做好两个方面工作：

1. 组织编撰《预付电费法律纠纷应急预案》

通过预案，明确"预付电费"推广中，当发生法律纠纷后，如何从舆论引导、利益方沟通协商、政府汇报、纠纷调解及司法应对等领域建立起工作机制、人员保障、经费保障和机构保障。并不断强化预演，提高员工应对法律纠纷处理能力。

2. 与相关行政机构和相关社会机构保持良好的公共关系

积极整合解决"预付电费"法律风险时需要涉及的行政机构和社会机构，并与其保持良好的公共关系，做好沟通工作，争取得到理解和支持，如：政府、媒体、社会调解机构、信访、司法、税务等。

第三节　基于风险防控"预付电费"推广的支持度调查

在"预付电费"法律风险防控"钻石模型"—风险防控理论指导下，为了解"预付电费"相关利益方对"预付电费"收费模式的支持程度，工作人员设计了《电力新业务调查问卷》，在浙江省的杭州、宁波、湖州、嘉兴、丽水、台州、舟山等十一个地区通过网络、邮件、电话及现场取样等方式进行抽样调查，分别对企业用户、媒体代表、意见领袖和供电部门相关人员发放 2509 份问卷，筛选出有效问卷 2224 份，其中，政府官员样本 312 份，企业用户样本 1551 份，媒体代表样本 99 份，意见领袖样本 97 份，供电部门样本 165 份。

一、政府、企业、媒体、意见领袖和供电部门认同支持

通过调查发现，"预付电费"消费模式获得了政府、企业、媒体、意见领袖和供电部门的广泛支持，如图 4-3 所示。

1. 政府部门

73%的政府部门领导支持电力部门跟移动公司、银行一样，根据用电量确定不同用户等级，并为之提供差异化个性化的增值服务。

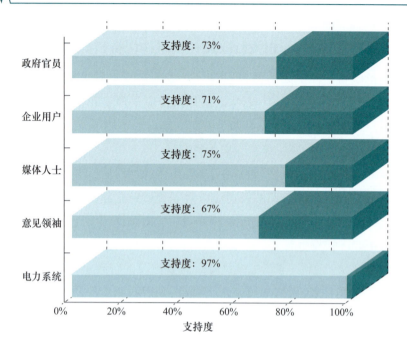

图 4-3　社会各界对"预付电费"模式的支持程度

2. 企业用户

71%的企业用户支持电力部门跟移动公司、银行一样,根据用电量确定不同用户等级,并为之提供差异化个性化的增值服务。

3. 媒体人士

75%的媒体人士支持电力部门跟移动公司、银行一样,根据用电量确定不同用户等级,并为之提供差异化个性化的增值服务。

4. 意见领袖

67%的意见领袖支持电力部门跟移动公司、银行一样,根据用电量确定不同用户等级,并为之提供差异化个性化的增值服务。

5. 供电系统

97%的供电系统支持电力部门跟移动公司、银行一样,根据用电量确定不同用户等级,并为之提供差异化个性化的增值服务。

二、社会各界认为"预付电费"未来会推广并普及

1. 政府官员

36%的政府官员认为"预付电费"消费模式有前景,以后一定会普及;42%的政府官员认为需加强引导企业预付电费模式的好处,慢慢会发展起来。

2. 企业用户

31%的企业用户认为"预付电费"消费模式有前景,以后一定会普及;33%的企业用户认为需加强引导企业预存电费模式的好处,慢慢会发展起来。

3. 媒体人士

35%的媒体人士认为"预付电费"消费模式有前景,以后一定会普及;36%的媒体人士认为需加强引导企业预存电费模式的好处,慢慢会发展起来。

4. 意见领袖

33%的意见领袖认为"预付电费"消费模式有前景,以后一定会普及;27%的意见领袖认为需加强引导企业预存电费模式的好处,慢慢会发展起来。

5. 供电部门

46%的供电部门认为"预付电费"消费模式有前景,以后一定会普及;54%的供电部门为认为需加强引导企业预存电费模式的好处,慢慢会发展起来。

第四节 基于风险防控"预付电费"推广服务需求调查

一、71%的企业期望供电企业提供个性化、差异化服务

在问卷调查中,对"是否期望电力部门跟移动公司、银行一样,根据用电量确定不同用户等级,并为之提供差异化个性化的增值服务"问题,企业回答结果如图4-4所示。

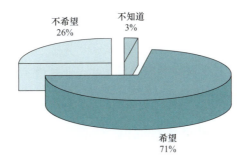

图4-4 企业对电力部门提供"个性化、差异化"服务的态度

26%的企业不希望提供差异化、个性化服务,通过对回答"不希望"的客户群

体进一步分析发现,基本上都是在月电费5万元以下的客户,主要原因是担心对用电大户个性化服务影响自己享受到现有的一些服务。71%的企业用户希望提供差异化、个性化服务,这些客户群体基本上都是在每月电费10万元以上的客户。值得注意的是,月电费在30万元以上的客户,100%的期望提供个性化、差异化的服务。

二、57%的用户愿尝试预付费,另有30%的用户愿意有条件尝试

在问卷调查中,对"如果电力部门为了给用户提供更多优质服务,借鉴移动公司、石化及银行的经验,对用电单位开展"预存电费"新型用电模式,是否愿意尝试?"的回答,统计结果如图4-5所示。

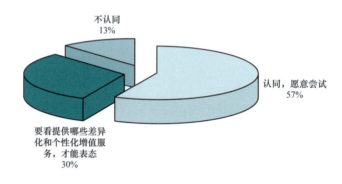

图4-5 用户对"预存电费"新型用电模式的态度

57%的用户非常积极地表示认同,并愿意尝试。通过分析发现,这些基本上都是每月电费约在10万元以下的客户,其中冶炼设备、特种高能耗设备企业中有96%的用户认同,并愿意尝试。

30%的用户要看提供哪些差异化和个性化增值服务,才能表态。分析发现,这些基本上都是每月电费约在10万元以上的客户,主要耗电设备是一般生产设备;其犹豫的原因主要是担心提供的服务是否有利于生产。

13%的用户表示不认同。主要集中在每月电费在2万~5万元的客户,主要耗电设备是一般生产设备;其不认同的原因是这些企业规模不大,但又是生产型企业,不愿意通过预存电费方式占用资金。

三、能耗大的用户对业务处理时间、专业化技术服务要求高

在问卷调查中,问到"希望供电部门提供哪些增值服务?",用户在每月电费量与客户服务选择表、主要耗能设备与客户服务选择表中的回答结果见表4-3和表4-4。

表 4-3 每月电费量与客户服务选择

提供的专业服务	每月电费量与客户服务选择						
	1万元内	2万~5万	6万~10万	11万~30万	30万~50万	50万~100万	101万及以上
"一对一",7天×24小时大客户经理负责制,一站式服务	√	√	√	√	√	√	√
营业厅 VIP 服务;95598客服热线大客户专属服务	√	√	√	√	√	√	√
快速落实大客户投诉及电力服务需求;比未参与活动客户业务处理时间大大缩短	√	√		√	√		
定期走访大客户,了解用户意见和需求,并不断满足客户需求			√	√	√	√	√
大客户俱乐部活动,如户外活动、拓展活动、旅游、联谊活动等				√			
个性化账单服务,如根据企业需求输出用电明细、功率因素、设备利用率、负荷系数等	√		√		√		√
亲情保电联动服务,如将总经理及高层家庭列入重点保电对象、免费检修及临时停电短信通知等服务	√						
优先满足特殊电力保障服务,应急发电服务等	√	√					√
开展免费的对企业用电设备安全检查、安全用电培训等				√	√	√	√

续表

提供的专业服务	每月电费量与客户服务选择						
	1万元内	2万~5万	6万~10万	11万~30万	30万~50万	50万~100万	101万及以上
开展电力需求侧管理技术服务及指导,如改善负荷特性,降低设备能耗,错峰、移峰等合理用电指导,分析历史用电情况,合理规划企业用电计划						√	√
定期免费校验电能计量装置设备	√	√	√	√	√	√	√
停电信息及时通报,如专线电话、手机短信、E-mail 等	√	√	√	√	√	√	√
报装设备简化流程,提高审批及安装速度,专家提供专业施工及现场服务、设备免费售后服务							

表 4-4   主要耗能设备与客户服务选择

提供的专业服务	主要能耗设备与客户服务		
	办公、照明及空调	一般生产设备	冶炼设备、特种高能耗设备
"一对一",7天×24小时大客户经理负责制,一站式服务	√	√	√
营业厅 VIP 服务;95598 客服热线大客户专属服务	√	√	√
快速落实大客户投诉及电力服务需求;比未参与活动客户业务处理时间大大缩短	√	√	

续表

提供的专业服务	主要能耗设备与客户服务		
	办公、照明及空调	一般生产设备	冶炼设备、特种高能耗设备
定期走访大客户,了解用户意见和需求,并不断满足客户需求		√	√
大客户俱乐部活动,如户外活动、拓展活动、旅游、联谊活动等		√	√
个性化账单服务,如根据企业需求输出用电明细、功率因素、设备利用率、负荷系数等	√	√	√
亲情保电联动服务,如将总经理及高层家庭列入重点保电对象、免费检修及临时停电短信通知等服务			√
优先满足特殊电力保障服务,应急发电服务等	√		
开展免费的对企业用电设备安全检查、安全用电培训等			√
开展电力需求侧管理技术服务及指导,如改善负荷特性,降低设备能耗,错峰、移峰等合理用电指导,分析历史用电情况,合理规划企业用电计划		√	
定期免费校验电能计量装置设备	√	√	√
停电信息及时通报,如专线电话、手机短信、E-mail 等	√		√
在火车站、飞机场、银行、高尔夫球场等区域享受贵宾服务			
抽奖活动服务			
报装设备简化流程,提高审批及安装速度,专家提供专业施工及现场服务、设备免费售后服务			

大部分企业客户,都希望提供"一对一",7 天 ×24 小时大客户经理负责制,一站式服务;营业厅 VIP 服务;95598 客服热线大客户专属服务;定期免费校验电能计量装置设备;停电信息及时通报,如专线电话、手机短信、E-mail 等。

每月电费 6 万元以上的客户,希望提供以下服务:定期走访大客户,了解用户意见和需求,并不断满足客户需求。

每月电费 11 万元以上的客户,希望提供以下服务:定期走访大客户,了解用户意见和需求,并不断满足客户需求;开展免费的对企业用电设备安全检查、安全用电培训等。

每月电费 50 万元以上的客户,希望提供以下服务:开展电力需求侧管理技术服务及指导,如改善负荷特性,降低设备能耗,错峰、移峰等合理用电指导,分析历史用电情况,合理规划企业用电计划服务。

主要耗能设备为一般生产设备,冶炼设备、特种高能耗设备的用户,希望定期走访大客户,了解用户意见和需求,并不断满足客户需求;大客户俱乐部活动,如户外活动、拓展活动、旅游、联谊活动等;个性化账单服务,如根据企业需求输出用电明细、功率因素、设备利用率、负荷系数;定期免费校验电能计量装置设备等。

四、64%的企业认为"预付电费"结算周期应在一个月内

在问卷调查中,对可接受"预付电费"的结算周期问题,64%的用户认为结算周期应该在一个月内,17%的用户认为结算周期应该在一个半月,8%的用户认为结算周期应该在两个月,"预付电费"结算周期统计结果如图 4-6 所示。

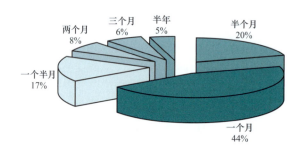

图 4-6　"预付电费"结算周期统计结果

五、75%的客户认为"预付电费"金额最多为一个月电费

在问卷调查中,对可接受"预付电费"的预付金额问题,17%的用户认为预付金额为半个月电费,这些用户主要分布于每月电费在 10 万元以上的客户;58%的用户认为预付金额为一个月电费,这些主要是每月电费在 5 万元以内的用户;13%的用户认为预付金额为两个月电费,这些客户主要分布于每月电费在 2 万元以内的客户。用户可接受"预付电费"金额的统计结果如图 4-7 所示。

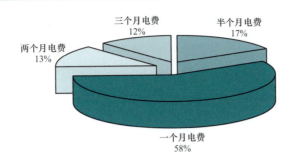

图 4-7　用户可接受的"预付电费"金额的统计结果

第五节　化解法律风险:"三位一体"增值服务体系设计

一、化解法律风险:"三位一体"的增值服务概念

化解"预付电费"的法律风险,需要建立"三位一体"的服务体系,即在理念、方法和平台上完善相关服务。"三位一体"服务体系模式如图 4-8 所示。

图 4-8　"三位一体"服务体系模式

1. 理念:建立电力商业服务的服务理念

在理念上,加大"大营销"体系建设力度,应从简单电费安全防控角度服务理念,转变到商业服务等更高层次的服务理念上来,实现与客户合作双赢和深层次的互动,提升和改进电力大客户服务质量。

2. 方法:探索个性化、差异化、人性化的服务措施

深入调查了解大客户个性化需求,强化提供专业化服务的能力建设,全面推动供电服务理念、服务水平、服务内容的创新与提升;积极有效地开展主动营销,切实让用户感受到"预付电费"带来的增值服务价值,自愿加入"预付电费"新型用电消

费模式。

3. 平台:"上下联动、横向联合"建立新型合作服务平台

发挥供电企业的集团优势,上下联动搭建高端服务的平台,横向联合第三方机构打造资源丰富的增值服务项目(金融机构、担保机构、医疗机构、交通、救援、旅游、专业电力服务等)。

二、基于用户调查需求的增值服务项目设计

根据用户需求调查和相关行业、国内典型供电企业已经形成的成功经验,本书将"预付费用户"按每月预付电费规模分别划分为四个等级:A 类(每月"预付电费"100 万元及以上),B 类(每月预付电费 50 万~100 万元),C 类(每月"预付电费"11万~50 万元),D 类(每月"预付电费"10 万元以下)。根据不同用户等级设计增值服务项目,详见表 4-5。

表 4-5　　　　　　　　　不同用户等级享受的服务内容

服务项目	用户等级享受服务			
	A 类	B 类	C 类	D 类
7 天 ×24 小时大客户经理负责制,一站式服务	●	●	●	●
营业厅 VIP 服务;95598 客服热线大客户专属服务	●	●	●	●
快速落实大客户投诉及电力服务需求;在同类传票中优先处理,大客户经理全程跟踪直至处理完毕	●	●	●	●
停电信息及时通报,如专线电话、手机短信、E-mail 等	●	●	●	●
电费积分回馈奖励活动(按照预缴电费 5‰的比例产生积分,1 个积分等值 1 元,积分可以用来购买电费,兑换礼品)	●	●	●	●
设立困难用户电费救济基金,暂时经营困难的企业可享受部分电费的救济	●	●	●	
个性化账单服务,如根据企业需求输出用电明细、功率因素、设备利用率、负荷系数等	●	●	●	
开展免费的对企业用电设备安全检查、安全用电培训等	●	●	●	
开展电力需求侧管理技术服务及指导,如改善负荷特性,降低设备能耗,错峰、移峰等合理用电指导,分析历史用电情况,合理规划企业用电计划	●	●	●	

续表

服务项目	用户等级享受服务			
	A 类	B 类	C 类	D 类
报装设备简化流程,提高审批及安装速度,专家提供专业施工及现场服务、设备免费售后服务	●	●		
大客户俱乐部活动,如户外活动、拓展活动、旅游、联谊活动等	●	●		
优先满足特殊电力保障服务,应急发电服务等	●	●		
亲情保电联动,对大用电客户企业的总经理或高层领导及其直系亲属列入重要用户保电	●			
第三方金融机构合作增值服务:如"大客户电费保理"服务、电费担保联保服务	●			
与专业机构合作免费服务(如高尔夫免费畅打服务、养生健身、汽车免费救援等)	●			

第五章 案例:国内外风险
防控经验及"预付电费"实施概况

第一节　国际经验：发达国家电费回收风险防控经验

一、美国：押金＋智能断电＋用电知识教育

1. 电价随市场化变动

美国全年电价是变动的，平均下来每个季度的电费价格不等：比如 12 月～次年 3 月，采暖季节的电费是 0.09 美元／千瓦时；3~4 月是 0.11 美元／千瓦时。总之，全年不同时段的电价不一样，从 0.09 美元到 0.14 美元不等。不同发电模式电价也不一样。

2. 用电记录可网上查询

用电记录随时可在网站查询，可以通过信用卡、借记卡、支票、现金等方式交费，也可网上交费。

3. 押金防止拖欠电费

初次用电缴纳押金，防止拖欠电费，账单在月底可以通过网站查看。

4. 远程智能控制断电

不交电费则自动断电。这是电力服务部门可以做到的，不需要小区物业来做。对拖欠电费用户，无论是谁，都进行强行停电。

5. 良好的用电教育体系

网页设置了儿童教育专栏，普及一些用电安全知识，如何节电等，并可为客户的实际用电提供提示，标注不同月份用电量的峰值。

二、英国：信用档案＋救济基金＋银行划拨＋合同约定

1. 与个人信用关联

在英国，如果欠费的话，会被记录在信誉档案中，以后你在这个国家的信用记录就会很坏而且保存很长时间，不能申请任何的银行卡、信用卡，甚至不能贷款，找工作也会受影响。

2. 设立水电救济基金

英国消费者因手头拮据而一时无法偿还所欠债务的话，可以向能源公司设立的水电燃气基金账户求助，能源公司会根据消费者的信用等级适当为他们垫付上述费

用。如果消费者担心自己总会欠债的话,可以安装先付费的水电燃气计量表,这样就可以不用为欠债而烦恼。

3. 零售环节完全市场化

实现供电企业和电价市场化。零售电环节的竞争是逐步放开的:改革后的1991年至1992年,1MW以上的用户可自由选择供电商,而1MW及以下的用户由地区供电公司按专营权规定的营业范围供电;到了1994年4月,这一限制放宽到100kW以上的用户;1998年4月后,所有用户都可以自由选择自己的供电商。实行竞争性供电部分的电价,完全由供需双方根据市场情况协商确定。从理论上说,1998年4月供电完全放开竞争后应相应取消对供电价格的管制,但因缺乏经验和人们的担心,完全取消供电价格管制尚需要时间。

4. 银行划拨、合同约定、法律维权

首先,不论大用户还是居民用户,其电费一般由银行按月划拨到电力公司,因此,可有效地避免出现巨额电费拖欠的问题。其次,各电力公司之间及电力公司与用户之间都存在合同约束,任何一方都必须严格遵守合同条款的规定,否则就会引起法律诉讼。对一些特殊情况,如破产企业、生活特困户的欠费问题,各电力公司都有自己的一套办法。电力公司会对经营情况不好的企业进行重点关注,并提前采取措施。对由于工业结构性问题引起经营困难的企业,供电公司会主动向OFFER建议向其提供电价优惠,并同时要求OFFER在下一次电价审查中将这些因素考虑在内;对进入破产程序的企业,则及时介入其债务清算,尽量减少损失。对生活特困户的欠费,电力公司一方面帮助他们采取节电、降耗措施,另一方面积极向社会福利部门反映,增加他们的最低生活保障水平,在必要时会动用专项备用金为特困户减免电费,不会简单地采取断电措施。

三、以色列:预付费+计划外供电优惠

以色列人也常拖欠电费,跟中国一样有拖欠电费的习惯,因此,电力公司被迫将收费方式改为预付费。

1. 提前付费,减少拉电

以色列电力公司的新计划一改当前的每两月支付一次电费的形式,而是让每家用户先预估每月的用电量,然后提前支付电费。不过,老百姓预付电费后获得的不是应有的卡片,而是电力公司上门安装的一只特殊电表。这个电表输入了住户申报的预估用电量,一旦用户实际用电量超过预估量,电表会自动切断电源。

2. "计划外供电"优惠驱动预付费实施

使用预付电费的人的首要问题就是,一旦用电量超过他所估计的量之后该怎么

办？作为鼓励措施,电力公司承诺将提供一定额度的"计划外供电"。此外,对于把"计划外供电"额度也用完的超级超标户,电力公司还将提供一定的优惠政策,比如在犹太安息日及其他节日期间对其恢复供电。通过推出这项新的收费方式,改善人们因迟迟不缴电费的积习而导致经常遭拉电的现状,帮助用户规划每月用电量,防止积压大量账单而造成经济上的重负。

3. 欠费"惯犯"成为试点

2006 年,仅在耶路撒冷的 21.6 万用户中,以色列电力公司平均每月就要停止对五六百户不缴电费的用户的供电。作为试验性服务,该公司已经为他们挑选的 100户用户安装了预付电表。这 100 户人家是经常不按时缴电费的"惯犯",为了帮助他们还清所欠的高额电费,安装预付电表后每月缴款的一半将用来还债,另一半则用来购买当月的用电额度。

四、发达国家主要经验借鉴

发达国家的主要经验,除了提供优质的服务以外,关键是在五个方面建立完备的体系,如图 5-1 所示。

图 5-1　发达国家主要经验

1. 建立押金制度防止拖欠电费

初次用电缴纳押金,防止拖欠电费。

2. 建立国民良好的用电教育体系

普及一些用电安全知识、电力相关法律法规、用电风险、如何节电等,做到对国民合理用电,守法用电的教育。

3. 电费拖欠与个人信用关联

建立个人征信记录,对失信的个人和企业记录保存相当长时间,影响其申请任何的银行卡、信用卡,甚至不能贷款和企业各种资质的发放。

4. 设立水电燃气救济基金

个人手头拮据、经营困难的企业,一时无法偿还所欠债务的话,可以向能源公司设立的水电燃气基金账户求助,能源公司会根据消费者的信用等级适当为他们垫付上述费用。

5. 实施预付电费消费模式

让用户先预估每月的用电量,然后提前支付电费。对于把"计划外供电"额度也用完的超级超标用户,电力公司还将提供一定的优惠政策,让欠费"惯犯"成为预付电费试点。

第二节　国内经验:"预付电费"成为电费风险管控重要手段

一、国网湖州供电公司:先进预购电管理系统 + 优质服务

"预购电管理系统"是一项集"交、收、管"于一体的系统性工作平台,系统具有以下优势:

1. 重点突出客户的用电知情权

用电方一经预付电费量,供电企业就把相应的电力商品的支配权交付给了客户,客户可根据自己的用电情况在一定时期内消耗商品。而电力企业在收取电费的同时,也就准备了客户所购电量的电力,并按此向客户供电。客户在用电的同时享有供电方提供的客户用电信息,如电压、电流、功率、电量、告警、通知等,客户可根据需要选择预订,方便客户掌握本企业的用电情况,便于企业管理。

2. 系统平台先进,安全可靠

"预购电管理系统"是利用电能信息采集与管理系统的平台进行功能拓展与再开发而成,今后根据需要每个内网终端都可使用,只要设置相应权限就可以。但同时必须考虑网络安全。

解决电费回收中存在的问题,加快电费回收,提高电费回收率,控制电费回收风

险;方便客户缴纳电费,解决缴费难问题,提升优质服务水平。预付电费可以改变原始的收费理念,变月底收费为全月收费,是科技进步下的新型结算方式,可以取得"电力部门称心,用电客户放心"的双赢效果。

预购电管理系统运行流程如图 5-2 所示。

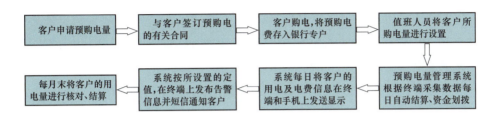

图 5-2　预购电管理系统运行流程

二、国网成都供电公司:预付费 + 企业信誉 + 上门售电

依据《电力法》《电力供应与使用条例》及《供电营业规则》,国网成都供电公司有权对逾期 30 日未交电费的客户中止供电。对恶意欠费的用电客户,国网成都供电公司还将诉诸法律,要求其追缴电费及电费违约金,并与成都市相关部门联合,将该客户的相关信息录入成都市工商局"企业信用信息网"。该公司采取的主要工作措施如下:

1. 法律保障——签订还欠合同

对陈欠电费大户,国网成都供电公司与其签订还欠合同,规定在当月电费必须全清的基础上,每月归还一定数量的旧欠。

2. 技术解决——预付费电卡表

酝酿对电费收取方式进行改革,对经常欠费户装设预付费电卡表,从技术上解决电费回收困难问题。结合户表改造机会,安装预付费电表,实现集抄功能;积极收集用电客户联系方式,开通短信平台,通过技术手段开展交费提示。

3. 强化管理——完善考核监督

在企业内部进一步加强监督,严格考核,逐级签订回收责任状,细化、量化电费回收任务,制定电费回收考核细则,使电费回收工作成为每个员工的自觉行动。

4. 强化服务——上门售电服务

营销工作人员在催费的同时不仅要张贴交费提示,还要上门销售电费充值卡,控制跨月欠费。

5. 联动执法——记录企业信誉

与成都市信用信息系统联合进行了升级改造,行政机关在进行日常监管时,

可查看企业拖欠数额较大的水、电、气费等提示信息。在政府表彰评优,银行等金融机构为企业提供开户、贷款等服务时,企业信用信息将作为办理业务的重要依据。

三、灌南县供电公司:预付费+法院联动+企业节能服务

江苏灌南县供电公司坚持多措并举,全力防范电费回收风险,取得满意效果。2017 年 1~10 月,该公司实现电费回收 100%,电费预结算比重在全市排名第一。

1. 成立电费回收工作领导小组

该公司首先从管理入手,强化对电费回收工作的领导和机制建设。通过成立电费回收工作领导小组,签订责任状,细化工作目标,将责任落实到具体时段具体人,并严格考核,不打和牌。

2. 与媒体合作做好用电宣传

组织有关人员深入企业,加强与大客户的沟通,与地方媒体联办栏目,并通过街头宣传、书写标语、散发资料和图片展览等多种群众喜闻乐见的形式,在用户中强化电是商品、用电应该及时缴费的意识,努力营造缴费氛围。

3. 借助外力,拓展缴费渠道

在努力挖潜、增加网点、延长服务时间的同时,巧借外力,通过与几大银行、特别是与邮政银行联手,推出了福农卡代收电费业务,拓宽了缴费渠道,方便了用户。

4. 实行先付费后用电新模式

加大电卡表安装力度,实行先付费后用电。

5. 定人定企,做好沟通与督促

采取定人定企的方法,密切跟踪欠费大户,做好思想工作,督促其按时缴费。

6. 与法院联动,形成财产保全机制

一旦发生用户恶意欠费情况,立即采取停电措施,并在第一时间向法院申请财产保全,形成机制,确保特殊情况下电费风险可控在控。

7. 创新方法,坚持人性化收费

为保证全年电费回收任务如期完成,同时又不影响客户正常用电,该公司广泛征询意见,大胆创新工作方式,采用"无停电催收"的方式进行人性化电费催缴工作。即建立客户缴费信用评价机制,将各类客户按缴费信誉度等级分为 A、B、C、D 四类。A 类是自觉缴费户;B 类是业务繁忙、需要按时提醒缴费的客户;C 类是需要经常催收的客户;D 类则是极有可能拖欠电费的客户。对于 A 类客户,首次发生欠费不予停电,对 B 类和 C 类客户按时进行提醒和催收,D 类客户是重点监控对象,需了解欠费原因后再反复催缴,直至其缴费为止。

8.增强合理用电,帮助企业节能改造

公司对诚信度高、单位能耗低、错峰配合好、平衡产能、科学排序的企业,在指标和系统允许的情况下,建议政府优先考虑释放负荷,不搞一刀切。同时根据企业产能、利税和对地方贡献,以及企业实际生产流程、设备工艺、订单,协助政府更加科学、严谨地制订轮休方案,努力促进企业节能改造,帮助企业减少损失。该公司还动员营销系统员工深入企业,主动为客户解疑释惑,解决客户用电的实际困难,当好客户用电的"参谋",使客户对供电企业少一分埋怨、多一分理解和信任。真诚的服务赢得了政府和客户的理解和支持。

9.全力拓展渠道,以更好地方便客户缴费

公司不断扩宽自身的收费网点的覆盖面。在原有营业大厅缴费、预存、银行代收、邮政代收等多种缴费方式的基础上,又开通了同城异地缴费业务,既有效降低了供电营业厅的收费压力、提高了收费效率,又大大方便了用电客户。公司还通过电话、手机短信等渠道及时通知客户按期缴纳电费。针对一些大客户,公司推出"VIP"贵宾服务制度,对其实施动态跟踪,及时了解客户的生产、销售情况,制订针对性的措施,确保电费预结算工作顺利完成,为电费提前结零打下了良好的基础。

10.建立电费回收预警机制

2017年初公司建立了《灌南县供电公司电费回收风险防范机制》,建立了公司的预警体系,列出了预警依据,规范了预警内容和范围,对高风险客户进行重点跟踪。公司每月召开电费回收分析会议,对随时可能出现的风险进行重点布控,制订相应的应对控制和跟踪分析措施,防止风险扩大和蔓延,并把可能出现的电费风险降低到最低限度。

四、国网江苏电力:充值卡+一站式交费+拓展渠道

近年来,国网江苏省电力有限公司(以下简称国网江苏电力)在用电量保持持续较快增长的背景下,受国际金融危机等因素影响,电费回收的工作量和难度日益加大。国网江苏电力在电费回收工作中不断调整管理思路和工作方法,拓展创新思维,通过细心细致的服务和差异化服务策略,得到了广大客户的高度赞扬,保证了全公司电费回收工作的良好态势。采取的主要措施主要有:

1.推动乡镇邮政网点代销电费充值卡

各地邮政公司除去邮寄业务外,也经营第三方合作业务,如代售电话卡、代售各类门票、预定车票等已成为其重要的收入来源。邮政公司的销售渠道较为完善,覆盖面广,据统计全江苏省邮政共有代售网点近2800个。

2. 对集团用户试点实行"一站式"交费

针对电费交费过程中集团客户的特点,对江苏电信试点实行"一站式"交费:由电信公司提供其所有用电户号表格,每月由供电公司核算人员查询其所有户号电费后,利用营销系统的"同城异地交叉收费"服务功能,通知电工到市区营业厅一站式交费,一张发票结账。

3. 满足客户的多样化需求,拓展收费渠道

从"统一银行代收电费业务的新系统接口技术规范,进一步加强银电合作"到"划分客户信誉等级,实行差别用电催费服务",从"利用邮寄电费账单平台印发居民用电客户电费交纳指南"到"全省 100 个城市供电营业厅开通 POS 终端刷卡交费业务",这都是国网江苏电力创新的做法。目前,江苏省已经拥有 16800 多个电费收费网点,平均每 1800 个客户就拥有一个可以交纳电费的营业网点。国网江苏电力正在研究手机支付、支付宝支付、POS 网络刷卡支付等新型电子交费方式,不断满足客户的多样化需求。

五、国网东营供电公司:预付电费 + 提高大客户预收电费比例

根据有关需要,在 2017 年的业绩考核指标当中新增一项指标,要求月电费超过 10 万元的直供客户预收电费金额占该类客户电费总额的比例要达到 80%。为使该项工作顺利开展,国网东营供电公司采取了以下主要措施:

一是加强与客户的沟通,认真讲解相关政策,争取客户理解与支持,并积极与客户签订分期结算协议。

二是要求所有新上高压客户统一安装高压预付费计量装置,从技术上提高预收电费比例。

三是邀请厂家技术人员现场讲解表计运维注意事项,同时结合东营地区实际向厂家反馈改进建议,进一步提高表计运行可靠水平,为客户提供更好、更优质的用电服务。

六、国网邯郸供电公司:"大客户电费保理"确保电费回收

2011 年 4 月 29 日,随着邯郸钢铁集团邯宝有限公司第一笔 5000 万元电费预付款的准确到账,国内首项"大客户电费保理"业务率先在河北邯郸成功上线。这标志着国网邯郸供电公司成功开创出用户电费回收的新渠道。

"大客户电费保理"业务主要针对经济信用、用电性质等情况较好的企业开展,建行为用电企业提供二至四个月应收电费,此次邯郸钢铁集团邯宝有限公司 5000 万元的电费预付款就是由建设银行邯郸分行代付的。此项业务的开展有效降低了

供电企业的欠费风险,确保客户每月电费能够及时到账,其次为用电企业融资和生产经营提供了可靠保证,同时也为银行开拓了金融业务范围,真正实现了三方共赢的良好局面。目前,邯郸供电公司正在与大型用电企业洽谈此项业务,力争在大客户中推广。

2010年3月,邯郸供电公司在河北南网率先取得购电制政策文件支持,成为河北南网首家实施购电制的单位,一年后,该公司再推"大客户电费保理"新举措,成为国内首家业务上线单位,"邯郸模式"已趋于形成。

第三节　国内电费回收风险防控的经验总结

从国内典型供电企业经验来看,这些企业主要在六个方面建立起有效防范电费拖欠的措施,见图5-3。

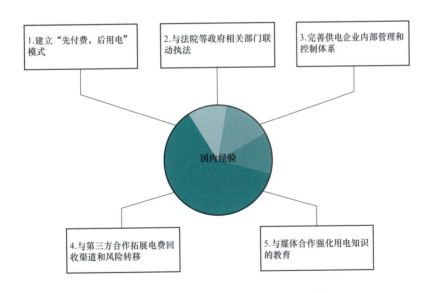

图5-3　国内电费回收风险控制经验总结

一、建立"先付费,后用电"模式

安装预付费电表,实现集抄功能;积极收集用电客户联系方式,开通短信平台,通过技术手段开展交费提示。建立充值卡消费,建立消费卡充值奖励机制,并与第三方合作推广充值卡推广(如邮政、便利店等);提高大客户预收电费比例。

二、与法院等政府相关部门联动执法

与工商部门合作建立企业信誉档案;与法院联动,形成财产保全机制;与政府拆迁部门合作,获得拆迁信息,提前做好电费收缴工作;签订还欠合同,对违约不履行合约的用户进行起诉追缴。

三、完善供电企业内部管理和控制体系

成立电费回收工作领导小组,定人定企,做好沟通与督促,建立定期走访客户制度,建立责任包干制;建立电费回收预警机制,建立信誉等级评价体系;对催收难度加大可能产生拖欠、拖交的客户,通过全力服务、重点跟踪,确保客户在资金安排上优先考虑电费支出。

四、与第三方合作拓展电费回收渠道和风险转移

建立上门售电服务、分期结算服务;与银行、便利店、社区服务站、物业公司及网络销售平台(淘宝等)、物流公司合作建立代缴电费、购买充值卡业务;帮助企业开展合理用电、企业节能、安全检查及培训服务;与金融机构合作,建立"大客户电费保理"新型金融服务,确保电费回收。

五、与媒体合作强化用电知识的教育

与地方媒体合作联办栏目,并通过社区宣传栏、重大节日活动开展各种形式的安全用电、电费收缴宣传。

第四节　典型行业经验:强化服务是化解预付费
法律风险的重要措施

一、案例:中国移动 3A 服务

通过预付费方式来降低用户欠话费风险,已经在通信行业广泛实施。实践证明,通过强化企业服务能力,不断完善服务体系、丰富服务项目内涵,可以最终得到客户的认同、理解及支持。据统计,近几年,用户自愿参与各种预付费活动的人数增加迅速,中国联通、中国移动两大运营商预付费客户已占客户总数的 80% 以上,收入占

比超过了 74%。在客户服务方面，中国移动公司对客户群体分类见表 5-1。

表 5-1　　　　　　　　　　中国移动公司对客户群体分类

用户类别	用户群	目标品牌和产品	渠道和服务要求
个人用户	高价值用户（钻卡、金卡）	(1)全球通 (2)所有新业务	个人客户经理一对一的上门服务和业务推广
	高价值用户（银卡、贵宾卡）		以实体厅的 VIP 专席为辐射的服务和新业务推广
	联通高价值用户	全球通	以个人直销人员实现"回归"
	中低端用户	(1)豫通卡、神州行等大众语音品牌 (2)相关新业务	以各类渠道为辐射的普通服务
	15~25 岁年轻人	(1)动感地带 (2)相关新业务	以动感地带专卖店或核心渠道中的动感地带专柜为辐射的服务
集团用户	A、B 类	(1)以全球通为主 (2)虚拟网 (3)通过短信和 GPRS 标准产品、行业模板和精品工程推广移动信息化解决方案	客户经理一对一的上门服务和业务推广
	C 类		以实体厅为辐射的服务和新业务推广

中国移动针对大客户，同样进行市场细分，区分对待。全球通 VIP 俱乐部是中国移动专为持有钻石卡、金卡、银卡的全球通 VIP 客户提供差异化服务的平台，通过这一平台，您可以享受到集"优质网络服务、优质客户服务、优质延伸服务"为一体的 3A 服务。到目前，中国移动除了针对神州行客户全面实现预付费外，也有近45% 的全球通客户通过预存话费方式交纳费用。针对高端客户中国移动采取的服务措施有：

1. VIP 客户机场服务

全球通 VIP 客户（钻卡、金卡、银卡用户）自 2007 年 3 月 1 日起，钻石卡用户每年可在全国各机场贵宾厅免费享受 12 次机场服务，金卡用户每年可在全国各机场贵宾厅免费享受 6 次机场服务，超出免费服务次数则按表 5-2 中的积分扣减标准扣减相应积分，中国移动 VIP 客户机场服务见表 5-2（注：VIP 用户如需享受 VIP 机场免费服务次数，必须开通积分计划业务，若用户未开通积分计划业务，将不能使用

VIP 机场免费服务次数)。

表 5-2 中国移动 VIP 客户机场服务

客户范围	本省全球通 VIP 客户				外省全球通 VIP 客户		
	服务类型	是否能携带随行人员	积分扣减标准		服务类型	是否能携带随行人员	积分扣减标准
钻石卡	头等舱	能携带 1 名	国内航班	600 分 / 人次	头等舱	能携带 1 名	600 分 / 人次
	贵宾候机	能携带 1 名	国内航班	1000 分 / 人次	贵宾候机	能携带 1 名	1000 分 / 人次
金卡	头等舱	能携带 1 名	国内航班	600 分 / 人次	头等舱	能携带 1 名	600 分 / 人次
	贵宾候机	能携带 1 名	国内航班	1000 分 / 人次	贵宾候机	能携带 1 名	1000 分 / 人次
银卡	头等舱	否	600 分 / 人次		否	否	否

2. VIP 其他服务内容

中国移动 VIP 其他服务内容见表 5-3。

表 5-3 中国移动 VIP 其他服务内容

服务内容和标准	钻石卡	金卡	银卡
一、畅通服务(以确保全球通客户通信畅通为目的)			
10086VIP 服务台席优先接入	√	√	√
营业厅 VIP 接待室 / 台席优先业务办理	√	√	√
公司网站(专区服务)	VIP 专区	VIP 专区	VIP 专区
二、亲情服务(为客户使用移动通信业务提供便利)			
电话经理专属顾问服务	√	√	√
预约服务提供	√	√	√
积分默认开通	√	√	√
投诉(问题)回复期	8 小时	8 小时	8 小时

续表

服务内容和标准	钻石卡	金卡	银卡
申请后免费发送电子账单	√	√	√
三、增值服务（为客户提供更多的优惠，逐步过渡到积分回馈服务）			
享受限额手机维修补贴	500元/年	300元/年	100元/年
优先选择号码（特殊号需预存话费）	√	√	
手机维修时免费提供备用机	√		
可以免积分扣除申请加入全球通VIP俱乐部活动	√	√	√
不定期赠阅全国发行的《全球通》时尚杂志	√	√	√
SIM卡免费升级	√	√	√
SIM卡丢失后免费补卡	√	√	√
对有需求的客户提供SIM备卡（需申请）	√	√	
限期免费试用新业务	√	√	√
享受中国移动"易登机"服务（省内）	√	√	√
享受中国移动"易登机"服务（省外）	√	√	
易登机服务：钻石卡客户每年可免费享受12次、金卡6次，之后贵宾通道扣1000积分、头等舱扣600积分。			
注：每次维修费用免费额度分别为钻卡50%、金卡30%、银卡20%，全年累计限额维修额度为钻卡500元/年，金卡300元/年，银卡100元/年。			
四、信用服务（为客户提供身份、特权服务）			
单向停机服务（在停机前提供）	72小时	72小时	72小时

续表

服务内容和标准	钻石卡	金卡	银卡
可短信开通、取消国际漫游	开通后有效期1年	开通后有效期1年	开通后有效期3个月
可短信开通、取消国际长途业务	开通后有效期1年	开通后有效期1年	开通后有效期3个月
可为其他全球通客户担保开机(每月最多1次/每人)	1人／3天	1人／2天	1人／1天
电话/客户经理为VIP客户担保开机服务(每月总共不超过10次)	1人／3天	1人／2天	1人／1天
跨区服务(省内、省际)	√	√	√
享受跨行业服务	√	√	√
注:以上业务介绍若有变动及未提及内容,请以当地移动营业厅公布为准。			

二、案例:中国石化"三个到"服务

1.比客户更早地想到

每年第四季度都是柴油消费旺季,中国石化为大客户制定了用油、买油方案,请客户提早备货以免影响生产。如:在工程机械以及装备制造行业景气度大幅提升时期,中国石化长沙石油公司凭着经验以及对市场的预测,为三一集团等大客户制定了用油、买油方案,请客户提早备货。基于对中国石化的信任,三一集团毫不犹豫地接受了建议,并及时支付了货款。由于做到了未雨绸缪,在资源极度紧张的情况下,长沙石油对三一集团的生产用油给予了保证,日均供应30吨。

2.替客户更细致地做到

为客户制定专项服务计划。资源紧张时期,任何环节出现差错,都将打乱客户的生产节奏。尤其是在低库存运行状态下,一着不慎,满盘皆输。如:长沙石油为三一集团等大客户制订了专项服务计划,请专业技术人员上门,指导、协助客户将所有油罐进行安全检查,并免费为客户清洗,避免油罐因水垢凝结而影响油品质量;提醒客户定期监测油罐,预防罐体渗漏,排除安全隐患。长沙石油还组织客户参观油库,了解收发油工艺流程及相关计量知识,消除客户用油过程中的各类疑惑,树立中国石化成品油高品质形象。多年来,长沙石油确保了客户设备长期良好的作业状态,赢得了高度赞誉。

3. 为客户尽快地送到

建立了 24 小时客户需求快速响应机制。无论严寒酷暑,油罐车司机每天 6 时准时到油库排队等候,争取尽早将油品送到客户手上。

4. 开展油中感谢活动

只要客户持有中国石化记名加油卡加油,就可以享受以下超值回报:①"加油得积分,积分换好礼",点滴积分,兑换超值积分好礼(最高可送汽车);②幸运大抽奖活动,带来连连惊喜;③免费道路救援;④阶段性充值送保险等。

5. 加油卡优惠活动 .

(1)团购优惠。有些地方中石化加油卡的充值卡 100 面额有批发价。

(2)与其他单位合作降价:如与广发银行合作,推出广发中经汇通车主信用卡,刷卡加油优惠返现金 2%,用广发中经汇通车主信用卡充值中石化加油卡,每升优惠 0.1 元至 0.15 元,每个月只能最高使用 5000 元。

(3)积分回馈,加油优惠,按照加油金额的 5‰~10‰的比例在客户加油卡内产生积分,1 个积分等值 1 元,积分可以用来免费加油。加油越多,积分越多,优惠越多,消费达到一定数额,折让比例自动升级。最初,加油卡积分优惠标准一律为 5‰,即消费 1000 元,累积 5 个积分;当客户年消费金额累计达到 75000 元时,系统自动将积分优惠比例提高到 7‰;当客户年消费金额累计达到 225000 元时,积分优惠比例提高到 10‰。在此基础上,在中石化自助、半自助加油站持卡加油还可额外享受 0.05 元 / 升的价格优惠。

第六章　结论

一、"预付电费"收费模式的合法性论证

与"预付电费"相关的法律法规,涉及《合同法》《电力法》《电力供应与使用条例》及国家和地方专门为电力行业出台的相关政策、法律法规及司法解释。通过对法律法规系统梳理分析,可得出"预付电费"收费模式在法律上是完全合法的、在实践中是可操作的。"预付电费"收费模式合法性论证如图 6-1 所示。

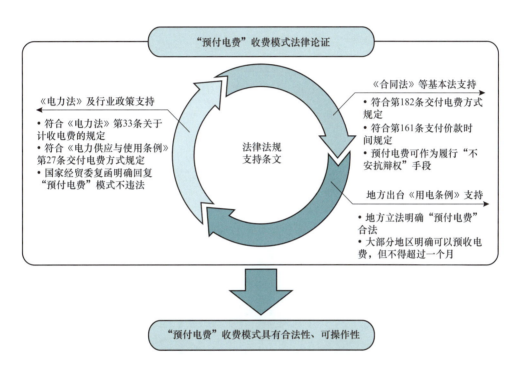

图 6-1 "预付电费"收费模式合法性论证

1.《合同法》为预付电费提供坚实法律基础

"预付电费"是供电企业与用户在协商基础上双方约定同意实施预付收费,符合《合同法》第 182 条关于用电人和当事人的约定交付电费形式的规定,及《合同法》第 161 条关于按约定时间支付价款的规定;同时预付电费可对信誉不佳用户履行《合同法》"不安抗辩权"的重要手段。

2. 符合《电力法》及电力行业相关政策规定

实施"预付电费"时,供电企业通过充分与用户沟通谈判、达成预付电费共识,并签订补充协议,符合《电力供应与使用条例》第 27 条关于"用电人可按合同约定的办法,交付电费"的规定。实施"预付电费",电费最终结算是以客户的用电计量装置记录的数据为依据,通过结算实行多退少补,符合《电力法》第 33 条关于计收电费规定。

3. 国家部委复函明确说明"预付电费"合法

国家经济贸易委员会在《关于安装负控计量装置供用电有关问题的复函》(国经贸厅电力函〔2002〕第478号)中明确规定:"用电人先付费、供电企业后供电是近年出现的一种新型供用电方式。采取此种方式供用电不违反法律、法规的规定,但须经供用电双方协商一致"。

4. 地方出台《用电条例》明确可采取"预付电费"模式

地方人大常委会出台的具有地方特色的地方性法规——《用电条例》,明确规定预付费作为重要结算方式,这为"预付电费"合法化提供了坚强支持,并已经成为地方解决当前供用电相关问题的一种新手段。当前,云南省、重庆市、青海省、福建省、河南省等省、市已经出台地方用电条例,明确说明"预付电费"作为电费收取方式之一,预付金额不得超过一个月,其他省市也在逐步跟进和探索。

二、"预付电费"操作过程中存在的法律风险要素

"预付电费"在实施过程中,由于操作不规范、相关防控措施不到位等原因,也存在较大的风险。"预付电费"存在的法律风险要素如图6-2所示。

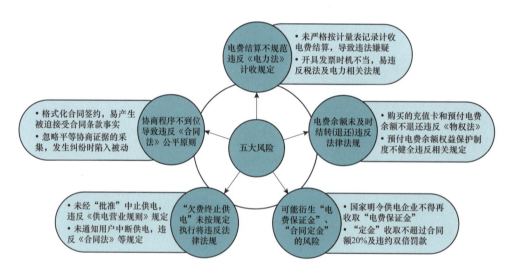

图6-2 "预付电费"存在的法律风险要素

1. 电费结算不规范导致违反《电力法》计收规定

(1)"预付电费"实施过程中,若供电部门在与客户签订的协议上和实际结算流程上,没有明确规定"预付电费"结算时序是先预收后结算,或与客户沟通不够及操作过程中未打印具有法律效力的结算文件资料,这样容易导致违反《电力法》第33

条"供电企业应当按照国家核准的电价和用电计量装置的记录,向用户计收电费"的规定。

(2)供电公司如果在预收电费时就开具发票(当前个人用户预收费基本上采取收费即开票模式),由于用户预交的电费不具备确认电力销售收入的条件,将违反《中华人民共和国发票管理办法实施细则》中第四章第三十三条的"填开发票的单位和个人必须在发生经营业务确认营业收入时开具发票"的规定和《电力法》第33条关于电费计收的规定。

2. 协商程序不到位导致违反《合同法》公平原则

(1)供电企业大部分是以格式合同作为"预付电费"协议模版,如果工作人员为了工作方便或专业素养不够,在签协议过程中忽略沟通协商的重要性,诱导或胁迫用户签订格式合同文本,易产生客户被迫接受合同条款事实,违反《合同法》公平原则。

(2)在与客户协商签订"预付电费"补充协议时,由于管理程序不到位,忽略对条款进行协商修改的文本证据保留,忽略谈判协商时让客户在自愿书上签字及相关录音录像进行留存,一旦发生法律纠纷,欠费用户将以迫于"垄断企业之威",不是自己真实意思的表达为由提出申诉。

3. "欠费终止供电"未按规定执行将违反法律法规

"欠费自动终止供电"未按规定执行将违反《供电营业规则》关于停电审批的规定、《合同法》第一百八十条关于停电通知的规定。

4. 可能衍生"电费保证金""合同定金"的风险

(1)1999年11月6日《财政部、国家经贸委、国家计委、审计署、监察部、国务院纠风办关于公布第三批取消的各种基金(资金、附加、收费)项目的通知》(财综字〔1999〕180号)公布以后,不再收取电费、电度表保证金,如果将预付电费收取款项作为保证金,是违反现有政策规定的。

(2)将预收款作为"定金",根据《合同法》将面临收取金额不超过合同额20%,及违约后需双倍罚款的风险。

5. 电费余额未及时结转(退还)违反法律法规

预收电费余额未及时结转(退还),将违反《物权法》第二十三条"用户如果要求退还电费余额,供电企业有返还余额的义务"的规定和2011年5月23日国务院办公厅转发人民银行监察部等部门《关于规范商业预付卡管理意见的通知》(国办发〔2011〕25号)关于"健全商业预付卡收费、投诉、保密、赎回、清退等业务管理制度,全面维护持卡人合法权益"的规定。

三、"预付电费"操作中法律风险防控理论模型

1. "预付电费"法律风险防控"钻石模型"

"钻石模型"由法律及政策完善、法律风险意识、利益方支持及谅解、制度及流程、风险发现及评价、预案及资源调配共 6 个维度组成，构成了如同钻石结构稳固的法律风险防控体系。"预付电费"法律风险防控"钻石模型"如图 6-3 所示。

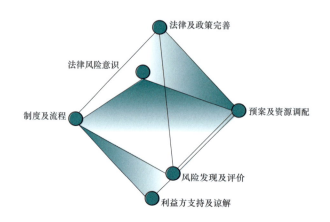

图 6-3 "预付电费"法律风险防控"钻石模型"

2. "钻石模型"的"12 个防控要素"诠释

"预付电费"的法律风险防控"钻石模型"将 6 个维度分解为 12 个防控要素。要素之间既是相对独立又紧密支持。"预付电费"法律风险防控要素见表 6-1。

表 6-1　　　　　　　　　　　"预付电费"法律风险防控要素

维度	序号	要素	说明
法律及政策完善	1	现有法律及政策评估	对现有法律及政策对预付电费业务推广支持程度进行分析，及时发现不利的法律及政策规定
	2	完善法律及政策的能力	对现有法律及政策问题提出完善建议，营造有利于"预付电费"业务推广的政策环境
法律风险意识	3	领导决策风险意识	实施推广"预付电费"模式、解决实际问题等决策过程中树立的法律风险意识
	4	岗位法律风险意识	与"预付电费"相关的工作岗位员工在开展业务活动过程中树立的法律风险意识

续表

维度	序号	要素	说明
利益方支持及谅解	5	对新业务模式支持度	"预付电费"模式获得政府、企业、媒体等利益方支持,供电企业为提高支持度所做的增值服务和媒体宣传
	6	对违规行为的谅解程度	供电方在实施预付电费业务中,得到政府、企业、媒体等利益方对可能违规行为或法律法规没有规定行为的谅解
管理制度及流程	7	制度及流程完备性	对涉及法律风险的重要事项,以制度的形式对事前预防、事中控制和事后补救做出明确规定。根据市场环境的变化,适时做出相应的修改
	8	制度与流程执行度	对规章制度执行,建立完善的监督、考核机制,确保"预付电费"操作过程中严格按章办事,避免因制度和程序执行不到位面临法律风险
风险发现及评价	9	法律风险发现及评价	建立起预收电费法律风险的调查、收集、识别的工作流程、信息采集渠道、平台和机制
	10	法律风险评估机制	对采集法律风险要点,从专业人员配置、工作方法和工作流程等方面建立起的评估机制
预案及资源调配	11	法律纠纷应急预案	"预付电费"业务推广中,当发生法律纠纷后,从舆论引导、利益方沟通协商、政府汇报、纠纷调解及司法应对等领域建立起工作机制、人员保障、经费保障和机构保障
	12	预防及解决纠纷的资源整合	积极整合解决"预付电费"法律风险需要涉及的资源并提前做好沟通工作,争取得到理解和支持,如:政府、媒体、社会调解机构、信访、司法、税务、律师等

四、"预付电费"法律风险防控的具体措施

根据"预付电费"法律风险防控"钻石模型"的 6 个维度、12 个防控要素指导,结合在"预付电费"操作过程中存在的法律风险分析,提出 16 条"预付电费"法律风险防控的具体措施。

1. 积极推动地方立法，提出完善相关法律及政策的建议

（1）推动地方人大立法，为"预付电费"奠定坚实法理保障。建议由省电网公司与省人大积极沟通，出台《用电条例》，明确将"预付电费"作为电费收费模式之一。

（2）推动对《电力法》《电力供应与使用条例》进行完善，明确"预付电费"作为电费收取方式之一。积极与行业监管部门和国家相关立法部门沟通，从避免国有资产流失、确保国有资产保值增值，维护社会的公平正义、消除因法律不明确带来的社会不稳定因素角度，推动通过立法将"预付电费"作为电费收取的方式之一。

2. 开展预付电费法律风险专项培训，强化法律风险意识

（1）编制《预付电费法律风险及防控》教材。结合"预付电费"业务特点，通过与工作岗位流程结合，系统分析在"预付电费"操作过程中各岗位可能面临的法律风险，提出具体防控措施。

（2）开展全员性"预付电费"法律风险专项培训。建议由省电网公司牵头，根据岗位特点分层、分类的组织全员性专项培训，强化全员性"预付电费"法律风险意识。

3. 建立商业服务理念、拓宽服务领域、提升专业能力

（1）建立现代电力商业服务新理念。应从简单电费回收安全防控角度服务理念，转变到现代电力商业服务等更高层次的服务理念上来，实现与客户合作双赢和深层次的互动，提升和改进电力大客户服务质量。建立良好的客我关系有利于提升客户的满意度，有利于构建和谐的"预付电费"推广工作局面。

（2）建立多元化用户电力需求调查机制。满足客户的电力需求是供电企业实现客户满意的前提和基础，需要让客户提前预付电费，更需要得到用户支持，建立多元化用户电力需求调查机制就显得非常有必要，多元化的需求调查机制包括：①问卷调查。通过邮寄问卷、现场随机调查、网络调查等手段，建立定期问卷调查机制，准确了解用户增值业务需求，以便制定增值服务提高对用户的吸引力，提高服务质量和水平。②定期召开专题研究会议。通过对用户投诉、法律纠纷等关键事件研究，了解到客户真正的需求。③建立投诉请求分析制度。将客户投诉看作是了解客户真正需求、改进工作的良方，化解法律风险的重要渠道。④建立企业走访调查机制。建立企业等级管理体系，根据等级安排相应级别的领导定期进行走访，由专职大客户经理负责收集、整理和分析客户反映的问题和服务需求。

（3）探索差异化、个性化服务、与第三方机构合作拓宽服务领域、提升专业化服务能力。①开展需求侧技术服务指导。供电公司结合现行电价政策、节能工作重点，每年定期或不定期地举办电力需求侧技术培训班，指导客户改善负荷特性，降低设备能耗，错峰移峰合理用电，充分使用电价政策降低电费支出，宣传推介需求侧示范工程,引导客户采用先进的能效管理手段。②开展受电设备安全检查。供电公司每年不定期组织对客户受电设备运行情况的检查,发现事故隐患,防患于未然,介绍电力设备产品、防范事故措施和运行管理经验等。③积极与第三方合作延伸服务领域,如:与金融机构合作建立"大客户电费保理"新型金融服务,建立电费担保、联保机制及服务体系,在转移电费回收风险的同时也提供增值金融服务;与银行、便利店、社区服务站、物业公司及网络销售平台(淘宝等)、网络支付平台(支付宝)、物流公司合作建立代缴电费、购买充值卡业务,拓宽销售及缴费渠道;与第三方合作开展电费赠送活动,虽然电费价格受国家控制,电力企业不能自行通过价格优惠的方式来鼓励预付费消费,但是可通过第三方合作支持、让第三方购买电费赠送形式,达到降价回馈客户的效果,这也是中国石化、中国移动公司在推行预付费降价方面成功经验。④开展电费积分回馈奖励活动供电公司可以开展积分回馈,通过客户"预付电费"的积分,按照缴费金额的 5‰~10‰ 的比例在客户充值卡内产生积分,1 个积分等值1 元,积分可以用来购买电费、兑换礼品、参加大客户组织的各项活动。

4. 完善管理制度,确保操作规范、制度明确、合同严谨

(1)严格执行按计量表记录结算电费规定、明确结算后开具发票的制度。与客户签订补充协议时,应明确规定"预付电费"结算时序是先预收后结算,打印具有法律效力的电费结算文件资料。避免因未严格按计量表记录计收电费结算导致违法;在开具收款凭证方面,对于预交电费的用户只能提供"收款收据"作为其交纳预购电款项的依据。待与用户结算、计入销售收入后再开具发票。避免因预收电费时就开具发票导致违反税法及电力相关法规的风险。

(2)做好沟通,尽力满足个性化需求,并做好与客户平等协商证据的采集。强化对从业人员沟通能力的培养,与用户积极沟通、协商,将协商后用户要求补充的内容进行补充,并得到用户确认;保留用户自愿、平等协商的证据,如签订《用户自愿选择预付电费声明》,保留对条款进行多次修改的文本证据,对协商过程尽可能进行录音录像留存。

(3)严格执行欠费停电程序、完善协议免责条款、完善管理系统避免违规停电。①严格执行《供电营业规则》第 66 条停电审批程序,《合同法》第 108 条、《电力法》第 29 条关于停电用户告知规定。②在使用预付费电能表的供电合同里,应该对体现预存电费和欠费自动中止供电的条款作以特别约定,如"乙方(用电人)自愿选择使用预付费电能表计量方式,在预存电费的情况下方可利用电能,欠费时,甲方(供电人)有权中止供电,并不承担责任……"③升级软件管理程序。完善系统及时催收电费和通知欠费用户中止供电功能,在用户预付费低于某一设定额度或因欠费需中止供电时会自动发送信息通知该用户。同时,也可把纸质的欠费需终止停电通知

发到用户手中,这样,便符合了《供电营业规则》第六十七条关于停电程序的规定,避免违反《电力法》第五十九条的规定所产生的法律风险。④选择性使用预付费电能表。对于停电可能造成重大损失的生产企业应该慎重选择是否适用预付电费收费模式,对何类用户适用预付费电能表,需考虑管理效应、经济效应、社会效应等综合因素后,做出科学合理的选择。⑤管理系统上线前做好"预付电费"管理系统测试工作,确保上线前系统运行稳定,权限控制合理,避免因系统设计缺陷导致自动停止用户供电的误操作。

（4）**在协议及管理制度中,清晰界定电费预付款的性质,并根据性质明确约定条款和管理流程**。①如果"预付电费"定位为"押金"性质时,应依据《担保法》规定,控制好四个风险点:双方必须先在供用电合同中增加电费押金条款或另行订立电费押金担保合同,该条款或该合同自电费押金移交于供电人占有时生效;电费押金的移交和占有方式一般应采取在供电人处设立银行专户;双方应当在条款或合同中约定担保的电费具体数额;约定按月份结算周期作为电费债务的履行期限、明确电费押金的数量、担保范围、违约金或利息、质押权的费用、押金移交的时间、押金数额的增补期限;依法处理押金利息,明确约定当最终退回押金时应包括相应利息。②如果"预付电费"定位为购买相应电量"预付款"性质,从法律上说,预付也是支付,只要双方在供用电合同中约定先由用户支付一定数额的款项、供电人再开始供电,就达到了改变合同义务履行顺序的目的,实现了先付费、再供电用电模式;关于"预付款"的金额,从逻辑上说,"部分"既可以是"小部分"、也可以是"中部分"甚至是"大部分",双方完全可以依照合同实际需要或交易的一般规则作适当的约定;关于用电、供电人权责关系,在签约时就应明确为,用电人是以一定的价款购买使用相应电能的权利,当余额为零而又不继续付费时,则表明其对继续用电权利的放弃,应当争取将双方的权利义务设定为购买相应电量。

（5）**电费余额应及时结转（退还）,完善余额权益保障机制**。电费结算后(如一个月),用户尚未消费的电费余额(包括电费充值卡、预付电表卡、通过银行或柜台进行系统在线充值等预付电费),需要及时退还用户,不能随意侵占。当然,也可合同约定退还后的费用可作为下一期预付电费的一部分,在制度上也要完善余额权益保障机制。

5. 建立完善风险收集、识别机制及法律风险评价机制

（1）**引进专业风险识别技术,建立"预付电费"风险识别体系**。建立包括基于"预付电费"流程分析法、历史事件分析法、德尔菲分析法、情景模拟法等法律风险的识别手段措施,识别"预付电费"潜在的和现实的法律风险点、风险源、分布领域,根据重要性和严重性建立风险清单。"预付电费"法律风险等级划分如图6-4所示。

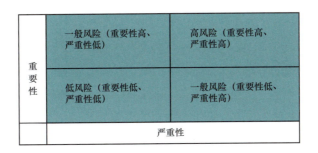

重要性	一般风险（重要性高、严重性低）	高风险（重要性高、严重性高）
	低风险（重要性低、严重性低）	一般风险（重要性低、严重性高）
	严重性	

图 6-4 "预付电费"法律风险等级划分

（2）建立和完善预付电费 LEC 法律风险评价体系。LEC 法律风险评价法可全方位、理性、客观、量化分析"预付电费"的法律风险。

$$风险分值 D = L \times E \times C$$

式中：L 为发生事故的可能性大小；E 为业务活动的频繁程度；C 为一旦发生事故会造成的损失后果。

D 值越大，说明该系统危险性大，需要采取措施：或改变发生事故的可能性，或减少业务活动的频繁程度，或减轻事故损失，直至调整到允许范围内。"预付电费"法律风险评估工具见表 6-2。

表 6-2　　　　　　　　　　"预付电费"法律风险等评估工具

法律风险评价								
序号	业务部门	业务活动	可能的危险后果	已采取的措施	评价得分	风险判定	应采取的措施	残余的风险等级

6. 编撰应急预案，与相关行政及社会机构保持良好沟通

（1）组织编撰《预付电费法律纠纷应急预案》。明确"预付电费"推广中，当发生法律纠纷后，如何从舆论引导、利益方沟通协商、政府汇报、纠纷调解及司法应对等领域建立起工作机制、人员保障、经费保障和机构保障。并不断强化预演，提高员工应对法律纠纷处理能力。

（2）与相关行政机构和相关社会机构良好的公共关系。积极整合解决"预付电费"法律风险需要涉及的行政机构和社会机构（如：政府、媒体、社会调解机构、信访、司法、税务等），并与其保持良好的公共关系，做好沟通工作，争取得到理解和支持。

五、基于风险防控"预付电费"推广的支持度调查

1. "预付电费"获得政府、企业、媒体、意见领袖和供电部门的广泛支持

（1）73％的政府部门领导支持电力部门跟移动公司、银行一样，根据用电量，确定不同用户等级，并为之提供差异化个性化的增值服务。

（2）71％的企业用户支持电力部门跟移动公司、银行一样，根据用电量，确定不同用户等级，并为之提供差异化个性化的增值服务。

（3）75％的媒体人士支持电力部门跟移动公司、银行一样，根据用电量，确定不同用户等级，并为之提供差异化个性化的增值服务。

（4）67％的意见领袖支持电力部门跟移动公司、银行一样，根据用电量，确定不同用户等级，并为之提供差异化个性化的增值服务。

社会各界对"预付电费"模式的支持程度如图 6-5 所示。

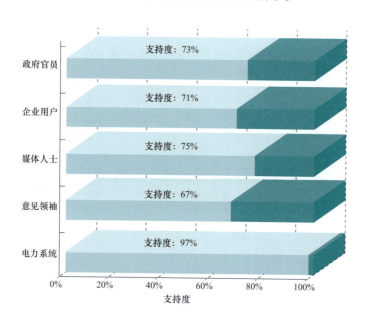

图 6-5　社会各界对"预付电费"模式的支持程度

2. 社会各界认为"预付电费"未来会推广并普及

（1）36％的政府官员认为"预付电费"消费模式有前景，以后一定会普及；42％政府官员认为需加强引导企业预存电费模式的好处，慢慢会发展起来。

（2）31％的企业用户认为"预付电费"消费模式有前景，以后一定会普及；33％的企业用户认为需加强引导企业预存电费模式的好处，慢慢会发展起来。

（3）35％的媒体人士认为"预付电费"消费模式有前景，以后一定会普及；36％

的媒体人士认为需加强引导企业预存电费模式的好处,慢慢会发展起来。

(4)33%的意见领袖认为"预付电费"消费模式有前景,以后一定会普及;27%的意见领袖认为需加强引导企业预存电费模式的好处,慢慢会发展起来。

(5)46%的供电部门认为"预付电费"消费模式有前景,以后一定会普及;54%的供电部门为认为需加强引导企业预存电费模式的好处,慢慢会发展起来。

六、基于风险防控"预付电费"推广服务需求调查

(1)71%的企业期望供电企业提供个性化、差异化服务,57%的用户愿尝试预付费,另有30%的用户愿意有条件尝试。

(2)64%的企业认为"预付电费"结算周期应在一个月内,75%的客户认为"预付电费"金额最多为一个月的电费。

(3)能耗大的用户对业务处理时间、专业化技术服务要求高,不同用电量企业对服务需求的选择见表6-3,不同耗能设备用户对客户服务的选择见表6-4。

表6-3　　　　　　　　　　　　每月电费量与客户服务选择

提供的专业服务	每月电费量与客户服务选择						
	1万元内	2万~5万	6万~10万	11万~30万	30万~50万	50万~100万	101万及以上
"一对一",7天×24小时大客户经理负责制,一站式服务	√	√	√	√	√	√	√
营业厅VIP服务;95598客服热线大客户专属服务	√	√	√	√	√	√	√
快速落实大客户投诉及电力服务需求;比未参与活动客户业务处理时间大大缩短	√	√		√		√	
定期走访大客户,了解用户意见和需求,并不断满足客户需求			√	√	√	√	√
大客户俱乐部活动,如户外活动、拓展活动、旅游、联谊活动等				√			

续表

提供的专业服务	每月电费量与客户服务选择						
	1万元内	2万~5万	6万~10万	11万~30万	30万~50万	50万~100万	101万及以上
个性化账单服务,如根据企业需求输出用电明细,功率因素,设备利用率,负荷系数等	√		√		√		√
亲情保电联动服务,如将总经理及高层家庭列入重点保电对象、免费检修及临时停电短信通知等服务	√						
优先满足特殊电力保障服务,应急发电服务等	√	√					√
开展免费的对企业用电设备安全检查、安全用电培训等				√	√	√	√
开展电力需求侧管理技术服务及指导,如改善负荷特性,降低设备能耗,错峰、移峰等合理用电指导,分析历史用电情况,合理规划企业用电计划						√	√
定期免费校验电能计量装置设备	√	√	√	√	√	√	√
停电信息及时通报,如专线电话、手机短信、E-mail等	√	√	√	√	√	√	√
报装设备简化流程,提高审批及安装速度,专家提供专业施工及现场服务、设备免费售后服务							

表 6-4　　　　　　　　　　　　主要耗能设备与客户服务选择

提供的专业服务	主要能耗设备与客户服务		
	办公、照明及空调	一般生产设备	冶炼设备、特种高能耗设备
"一对一",7 天 ×24 小时大客户经理负责制,一站式服务	√	√	√
营业厅 VIP 服务;95598 客服热线大客户专属服务	√	√	√
快速落实大客户投诉及电力服务需求;比未参与活动客户业务处理时间大大缩短	√	√	
定期走访大客户,了解用户意见和需求,并不断满足客户需求		√	√
大客户俱乐部活动,如户外活动、拓展活动、旅游、联谊活动等		√	√
个性化账单服务,如根据企业需求输出用电明细、功率因素、设备利用率、负荷系数等	√	√	√
亲情保电联动服务,如将总经理及高层家庭列入重点保电对象、免费检修及临时停电短信通知等服务			√
优先满足特殊电力保障服务,应急发电服务等	√		
开展免费的对企业用电设备安全检查、安全用电培训等			√
开展电力需求侧管理技术服务及指导,如改善负荷特性,降低设备能耗,错峰、移峰等合理用电指导,分析历史用电情况,合理规划企业用电计划		√	
定期免费校验电能计量装置设备	√	√	√
停电信息及时通报,如专线电话、手机短信、E-mail 等	√		√
在火车站、飞机场、银行、高尔夫球场等区域享受贵宾服务			

续表

提供的专业服务	主要能耗设备与客户服务		
	办公、照明及空调	一般生产设备	冶炼设备、特种高能耗设备
抽奖活动服务			
报装设备简化流程,提高审批及安装速度,专家提供专业施工及现场服务、设备免费售后服务			

七、化解法律风险:"三位一体"增值服务体系设计

1. 化解"预付电费"的法律风险,需要建立理念、方法和平台"三位一体"的服务体系

(1)在理念上,建立电力商业服务的服务理念,从简单电费安全防控角度服务理念,转变到商业服务等更高层次的服务理念上来,实现与客户合作双赢和深层次的互动,提升和改进电力大客户服务质量。

(2)在方法上,探索个性化、差异化、人性化的服务措施。调查了解大客户个性化需求,强化提供专业化服务的能力建设,全面推动供电服务理念、服务水平、服务内容的创新与提升;积极有效地开展主动营销,切实让用户感受到"预付电费"带来的增值服务价值,自愿加入"预付电费"新型用电消费模式。

(3)在平台上,"上下联动、横向联合"建立新型合作服务平台。发挥供电企业集团优势,上下联动搭建高端服务的平台,横向联合第三方机构(金融机构、担保机构、医疗机构、交通、救援、旅游、专业电力服务等),丰富增值服务项目。

"三位一体"服务体系如图6-6所示。

图6-6 "三位一体"服务体系

2. 依据用户"预付电费"金额进行分类管理,建立"预付电费"用户服务体系

借鉴用户需求调查和相关行业、国内典型供电企业已经形成的成功经验,根据

"预付费用户"每月"预付电费"规模,将用户分别划分为四个等级:A 类(每月"预付电费"100 万元及以上);B 类(每月"预付电费"50 万~100 万元);C 类(每月"预付电费"11 万~50 万元);D 类(每月"预付电费"10 万元以下)。不同等级用户的服务内容设计见表 6-5。

表6-5　　　　　　　　　　不同等级用户享受的服务内容

服务项目	用户等级享受服务			
	A 类	B 类	C 类	D 类
7 天×24 小时大客户经理负责制,一站式服务	●	●	●	●
营业厅 VIP 服务;95598 客服热线大客户专属服务	●	●	●	●
快速落实大客户投诉及电力服务需求;在同类传票中优先处理,大客户经理全程跟踪直至处理完毕	●	●	●	●
停电信息及时通报,如专线电话、手机短信、E-mail 等	●	●	●	●
电费积分回馈奖励活动(按照预缴电费 5‰的比例产生积分,1 个积分等值 1 元,积分可以用来购买电费,兑换礼品)	●	●	●	●
设立困难用户电费救济基金,暂时经营困难的企业可享受部分电费的救济	●	●	●	
个性化账单服务,如根据企业需求输出用电明细、功率因素、设备利用率、负荷系数等	●	●	●	
开展免费的对企业用电设备安全检查、安全用电培训等	●	●	●	
开展电力需求侧管理技术服务及指导,如改善负荷特性,降低设备能耗,错峰、移峰等合理用电指导,分析历史用电情况,合理规划企业用电计划	●	●	●	
报装设备简化流程,提高审批及安装速度,专家提供专业施工及现场服务、设备免费售后服务	●	●		
大客户俱乐部活动,如户外活动、拓展活动、旅游、联谊活动等	●	●		
优先满足特殊电力保障服务,应急发电服务等	●	●		
亲情保电联动,对大用电客户企业的总经理或高层领导及其直系亲属列入重要用户保电	●			

服务项目	用户等级享受服务			
	A 类	B 类	C 类	D 类
第三方金融机构合作增值服务:如"大客户电费保理"服务、电费担保联保服务	●			
与专业机构合作免费服务(如高尔夫免费畅打服务、养生健身、汽车免费救援等)	●			

附录:"预付电费"推广

操作性文件

1. "预付电费"管理办法（样本）

第一章　总　　则

第一条　电费回收是供电企业生产经营的重要工作,但目前,大部分供电企业都不同程度地面临客户拖欠电费的情况,催缴工作难度较大,迫切需要采用科学的方法和有效的手段来解决这些问题。采用预购电用电的方式在技术上是完全可以实现的,可以有效地降低供电企业的经营风险,保护企业的合法权益,保证电费的按时足额回收,提高工作效率,节约人力、物力资源,为电力事业可持续发展创造有利条件,防止因拖欠电费造成的国有资产流失,规避企业经营风险,确保大客户的电费如期结零。

第二条　供电公司作为企业,同样靠自身经济效益维持和发展生产。长期大量的电费拖欠,不仅直接影响到电力行业发展,也会间接影响到国民经济的发展。"预购电管理系统"是一项集"交、收、管"于一体的系统性工作,按照有关法律、法规、政策的原则,对客户用电实行预购制,是一种新型的供电方式,也是今后的发展趋势。为进一步规范使用"预购电管理系统",完成各项预定指标,特制定本办法。

第三条　本办法适用于使用 ××××局"预购电管理系统"的各有关单位和部门。

第二章　目 的 和 意 义

第四条　电费是电网企业经营成果的最终体现,是电网企业正常营运和发展的资金来源,是电网企业的生命线。电费长期的巨额拖欠,已使供电企业经营举步维艰,甚至连简单的再生产也难以维持。造成用户拖欠电费的原因是多方面的,除受国家宏观经济调整的影响,部分企业生产不景气,关、停、并转倒闭外,地方政府某些领导干预,再加上受到计划经济体制的影响,供电企业自身经营管理上的先天不足等,也是重要原因。要解决好电费回收问题,必须依靠方方面面的大力支持,通过强化管理,运用行政、经济、技术,甚至法律手段维护供电企业的合法利益。

解决电费回收中存在的问题,加快电费回收,提高电费回收率,控制电费回收风险;方便客户缴纳电费,解决缴费难问题,提升优质服务水平。预购电能量可以改变原始的收费理念,变月底收费为全月收费,是科技进步下的新型结算方式,可以取得"电力部门称心,用电客户放心"的双赢效果。

第五条 重点突出客户的用电知情权,用电方一经预购电量,供电企业把相应的电力商品的支配权交付给了客户,客户根据自己的用电情况在一定时期内消耗商品。而电力企业在收取电费的同时,也就准备了客户所购电量的电力,并按此向客户供电。客户在用电的同时享有供电方提供的客户用电信息,如电压、电流、功率、电量、告警、通知等信息,客户可根据需要选择预订,方便客户掌握本企业的用电情况,便于企业管理。

第三章 系 统 定 义

第六条 "预购电管理系统"是指在用户和售电管理部门之间建立的以实现预付费方式进行电能结算的系统。其按物理组成可分为:"预购电管理系统"软件、GR电能信息采集终端、电能计量表、工作计算机、用户个人的通信终端;按逻辑组成可分为:用户、"预购电管理系统"装置及功能、预购电管理流程。

第七条 预购电装置,是一套可以按照协议好的特定付费方式完成的,电能计量、数据处理以及用户控制装置。它包括电能计量单元、售电控制器、通知及报警单元和负荷开关及其他辅助装置。

第四章 系统功能及技术要求

第八条 系统基本功能

(1)根据《浙江省电力公司关于建立电费风险防范体系的指导意见》精神,依据《供电营业规则》条款,与客户签订《预购电协议》,然后实行预购电量用电。利用现有的"现场管理系统"(现改名为"用电信息采集系统"),在此基础上开发出"预购电管理系统"模块,使用户能够按预购电信息进行用电的功能。

(2)将客户所购电量的资金,预先输入"预购电管理系统",电力企业准备好保证客户用电所购的电量,利用系统的各项功能,对客户用电各项功能内容进行设定,实时监控,并根据客户的用电情况,对用电量进行实时结算,购电费用实时递减。

(3)"预购电管理系统"可对客户所购电量用电的余额,设定通知定值(定值任选)、告警定值、通告次数,以方便客户了解自己的电费情况,及时充值购买电量,保证客户的生产正常进行,也可根据客户的信誉度设定警示值,可让客户善意透支一定电量用电。超过警示值,系统自动向客户发出告警信号,通知及时购买电量,并请做好停电准备,然后,自动对客户进行限电操作,首先遥控跳第一轮部分负荷的开关,最后也可以遥控跳大部分开关,直至全部停电。这样做既可以保证客户及时了解自己的用电情况,及时安排调度资金,合理购买电量,供电企业也规避了收费风险。

(4)"预购电管理系统"是基于"电能信息采集系统"上的一个子系统。

第九条　技术要求及功能

1. 供电功能

售电管理部门将用户的购电量信息设置或传递到"预购电管理系统",使用户能够按预购电量信息进行用电的功能。

2. 计量功能

售电系统通过电能表实现对用户用电量的计量的功能。

3. 交费功能

用户通过现金、银行划账方式交纳电费,售电管理终端将相应的购电信息写入的功能。

4. 报警功能

预购电管理装置根据用户与售电管理部门事先协议好的方式以声光报警等方式通知用户尽快再次购电的功能。

5. 检查功能

系统通过预购电装置中的电能计量信息、用户信息以及状态信息全部读取进行分析检查以帮助售电管理部门进行现场检查的功能。

6. 统计功能

系统统计记录用户信息、累计购电信息、累计用电信息,以供查询用户电能使用以及电费交纳情况的功能。

7. 结算功能

根据每月实际抄见电量及基本电费,按电量电价、功率因数调整电费、损耗电费计算用户应收电费并在用户购电时结合购电历史记录结算电费的功能。用户购电时系统自动结清未付电费,交费余额按双方事先协商好的预约电价折算成电量充入用户账内。

8. 切断时段设置功能

装置应可通过设置切断时段保证用户设定的非切断时段内(节假日及夜晚)不切断负荷开关。

9. 允许透支功能

装置应可设置少量的协议透支电量,新电量输入后自动冲减已使用的透支电量。

10. 过零欠费功能

当装置应当切断负荷开关时由于控制故障导致无法切断时,需记录透支电量,且应继续尝试切断负荷开关。在输入新购电量后自动冲减透支电量。

11. 异常断路处理

当负荷开关由于过载等其他异常原因跳闸后，装置将持续报警，用户可手动恢复。

12. 安全功能

系统通过使用密匙对系统中售电流程进行认证管理的功能。该功能必须能有效地保障整个系统的安全。系统应有完备的密匙管理功能，且加密方式及算法必须足够安全。

13. 控制功能（暂不开放）

应能实现用户先买电后用电的功能：当装置内剩余电量小于系统所设定的报警电量时，应能以声、光或其他方式提醒用户；当装置内剩余电量为零或双方约定允许的电量且装置时间在系统设定的允许断电时段内时，可发出断电信号及控制负荷开关自动切断协议中所约定的断路器。

在装置输入新购电量后能手动恢复（禁止自动恢复），若在装置未输入新购电量而用户强制手动恢复，装置将再次自动切断负荷开关。

14. 终端显示功能（暂不实行）

（1）显示方式，采用中文液晶显示。

（2）显示内容，①轮显功能；②当前剩余电量；③透支电量；④总售电量；⑤总售电次数；⑥总用电量；⑦允许透支电量；⑧报警电量；⑨报警时间；⑩脉冲常数；⑪时间、日期；⑫负荷开关状态（拉闸／合闭）；⑬时段和费率（推荐功能）。

15. 记忆功能

当供电线路停电时，剩余电量及其他需保护的信息不会丢失。日历时间正常工作，来电后其工作状态必须保持在停电前的工作状态。

16. 计时功能

装置应具备计时及日历功能（万年历）且在打开装置柜门后可现场设定时钟。

17. 通信端口

管理终端必须有两个 RS485 接口和一个脉冲接口（机械表用），终端与电能表数据互联。

第五章　操作和使用方法

第十条　输入、设置方法

（1）使用"预购电管理系统"，必须要先与用电客户签订《预购电协议》，按照协议所规定的内容，采用"用电信息采集系统"的抄表、监控功能，将参与预购电量的客户的用电信息、数据通过"营销系统"与"预购电管理系统"自动接口,实时进行监测,动态进行结算。

（2）利用开发的专用软件和安全管理软件,分别将客户所购买电量的金额输入系统内,系统根据客户冻结的每日零点的电量数据,根据不同客户的不同用电政策、类别,不同电价、不同时段,对客户的用电量自动进行结算。如选择某个用户,下方的预购电用户编辑框中显示该用户的详细信息,如该用户为非预购电用户,则可以点击"设为预购电用户"按钮将该用户设置为预购电用户。

（3）电价设置可分三类,上月的平均电价,前三个月的平均电价,协议电价。每月的基本电费分摊入每日的电费中,月末按实际进行正式结算。

（4）定值设置,按照与客户所签订的《预购电协议》,设置通知定值、告警定值、剩余金额报警值、透支门限金额电量,最大金额比例可根据客户的缴费及信用情况而定,当剩余金额小于等于告警值时,也可实时通过现场终端给出声光报警等或通过手机短信及时通知客户,同时也可以有选择地通知供电方客户经理等。

（5）设定手机短信通知方式,若选择的用户（预购电用户）需要短信通知,则可以选中"是否短信通知"后的选择框,并可编辑该用户的局方负责人（客户经理）及联系方式、用户负责人（预购电负责人）及联系方式。系统内可增减、选择联系人名单,以便及时接收各种信息,了解区域内的用电情况。

（6）告警跳闸,在客户的购电费用用完或超出允许客户合法使用的最大金额仍未充值时,经多次告警且达到一定时限后,可将接入的客户开关进行遥控跳闸限电（自动手动均可）,达到部分停电和严重告警的目的,警告客户已欠费,应尽快充值。此项跳闸功能因法律方面问题,暂不投入使用。

第十一条　查询功能

软件功能实现,根据目标要求设计运用软件和与"电能信息采集系统"有关的接口软件,方便实现"预购电管理系统"的功能操作及使用。

（1）查询每月预购电用户的结算信息（包括单位、户号、户名、地址、容量、电费月份、结算次号、预收余额、预售电价、总用电量、可用电量、可用电量比例等）。

（2）可查询每个结算记录的表计数据明细（包括表计局号、总倍率、抄表时间、表计示值、上月示值、上月抄表时间、本月电量）。

（3）可查询每个预购电用户的抄表数据明细（包括每一天的表示示值等）。

（4）可查询预收余额及可用电量（该预购电用户在营销系统中最近一次结算后的账户余额信息）。

第十二条　算法说明:

（1）**电费月份:**营销系统结算的电费月份（与查询月份不同）。

（2）**结算次号**：如该预购电用户在"营销系统"中每月是分次结算的,则结算次号表示的是第几次结算。

（3）**预收余额**：该预购电用户在"营销系统"中最近一次结算后的账户余额信息。

（4）**预售电价**：在预购电用户管理中录入的预售电价信息。

（5）**总用电量**：每个结算期间的用电量,最近一次为当天到上次结算抄表日期间的用电量。

（6）**可用电量**：（预收余额／预售电价）– 总用电量。

（7）**可用电量比例**：可用电量／（预收余额／预售电价）×100%。

（8）**例图显示**：

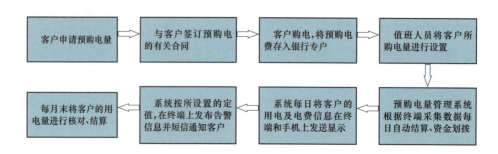

第十三条　该系统构成与硬件配置,"预购电管理系统"是利用电能信息采集与管理系统的平台,进行功能拓展与再开发,今后根据需要每个内网终端都可使用,只要设置权限就可以,但同时必须考虑网络安全。

第六章　运用技术手段,实行预购电制度

第十四条　加强"电是商品"的宣传,同时加大科技投入,装设智能电量控制装置,动员客户到供电部门购电,尤其是对长期拖欠电费不守信誉的客户要尽早安装,先买后用。预购电量管理系统是一项集"交、收、管"于一体的系统平台,对客户用电实行预购制,是一种新型的供电方式,也是今后的发展趋势,可以大大降低电费回收风险,节省供电企业的人力、物力、财力支出,提高工作效益,预购电能可以改变原始的收费理念,变月底收费为全月收费,是科技进步下的新型结算方式,也可以缓解客户的缴费难问题。

预购电量管理系统还可及时向用电客户反馈电费、电量、电压、负荷等多种信息,使客户享受较多的知情权;预购电量资金不足时也可及时发出预警信号,便于客户调度资金及时交费,为客户提供更贴心的服务。

第十五条　本技术条件是在国家和行业有关标准的基础上,针对电力系统的实际使用需要提出的技术要求。在本技术条件中未做明确规定的内容必须符合相应

国家、行业标准之要求。

第十六条　本办法技术条件解释权属 ××××局。

2. “预付电费”购电协议文本（样本）

预 购 电 协 议

（供用电合同补充协议书）

供电方：

用电方：

　　为保证供、用电双方签订的《供用电合同》（合同编号 ＿＿＿＿＿＿＿＿＿＿）的履行，防范电费回收风险，保障优质供电，根据新《合同法》第 177 条规定，供、用电双方经友好协商，达成如下补充协议：

　　第一条　客户的用电知情权。用电方一经预购电量，供电企业把相应的电力商品的支配权交付给了客户，客户根据自己的用电情况在一定时期内消耗商品。而电力企业在收取电费的同时，也就准备了客户所购电量的电力，并按此向客户供电。客户在用电的同时享有供电方提供的客户用电信息，如电压、电流、功率、电量、告警、通知等信息，客户可根据需要选择预订，方便客户掌握本企业的用电情况，便于企业管理。

　　第二条　双方约定电费付款采用先购电再用电的分期付款方式，即“先预购，后使用，按月结算”的原则，电力企业准备好保证客户用电所购的电量，通过“预购电管理系统”来实现。最终电费在拆表销户时结清，多退少补。

　　第三条　用电方同意采用安装“预购电管理系统”终端采集用电数据的方式用电并每日结算电量电费，供电方结算的预购电量仅是双方实施停、供电行为的依据，但不是电费结算的依据，如有误差月末按实结算。

　　第四条　双方同意，使用“预购电管理系统”用电时，预约电价为按规定计算的基本电费和现行电价　　　元 / 千瓦时或上月的平均电价设置。预约购电量由用电方每次支付的购电款除以购电预约电价得出。购电预约电价仅做计算每次预约购电量之用，实际结算电费在每月末据实结算，余额转为下期购电量。

　　第五条　实际结算电费，为有管理权的政府物价管理部门公布的销售电价（含税、费)乘以实际计费电量,与按规定计算的基本电费和功率因数考核电费之和。供电方按规定日期抄表,按期向用电方提供电费发票,按实结算电费。遇有电价调整时按调整后电价执行。

第六条 用电方持现金或转账等方式的,应先行将预购电金额转入供电方开户银行账号。供电方在预售电金额到账后通过营销系统输入用电方专户并以手机短信的方式告知用电方责任人。

第七条 用电方预购电后应关注终端显示的剩余预购电量,掌握电量存量情况并及时预购电量,也可关注"预购电管理系统"通知短信。一般当剩余电量接近设置定值或已欠费时,系统会发出告警信息,通知用电方尽快购电,但信息通道为公共信道,难免有不确定因素发生,所以较难保证短信的收发无误,因此用电方应通过多种途径掌握电量情况,保证正常用电。

第八条 用电方未按照协议适时增购电量的,供电方以任何方式进行催告后,用电方仍未购电,因此导致停电流程启动,由此停电跳闸而引起的一切后果由用电方承担。

第九条 本协议一式两份,双方各执一份,具有同等法律效力。供用电双方对协议有异议时,双方协商解决,协商不成时,可请求电力管理部门调解。调解不成时,按供用电合同中的争议解决方式中的相关条款处理。

第十条 本协议作为供用电合同的附件,有效期与供用电合同相同。

第十一条 本协议自双方签字盖章之日起生效。

供电方银行账号: 用电方银行账号:

供电方盖章: 用电方盖章:

供电方代表人签字: 用电方代表人签字:

联系电话: 联系电话:

            年   月   日   年   月   日

3. 电力新业务调查问卷

——预存电费，畅享尊贵服务

问卷信息

问卷编号：

填写人信息		
所在区域：	省＿＿＿＿市＿＿＿＿县（区）＿＿＿＿	
受访者信息		
受访者姓名：		联系方式：
单位名称		
受访者职务：	选择【　】 A.单位高层　B.中层　C.一般员工　D.电力专管人员	
性　　别：	选择【　】 A.男　B.女	
受访者类型 选择【　　】	（1）政府官员	
	（2）企业用户	
	（3）媒体代表	
	（4）意见领袖	
	（5）供电部门	

致填表人：

为了更好地推动电力系统为客户提供专业服务，特进行此次问卷调查。我们将以职业态度对您交回的问卷严格保密。敬请根据您的真实感受，认真详实地填写本问卷，每位填表人的意见对于我们电力部门改善工作，新业务发展及为客户提供更具专业服务都很重要。衷心感谢您的支持！

一、背景资料

1.请问您是否在本地居住 1 年以上？（　　　）

A. 是　　　　　　　　B. 否

2. 请问您的工作年限？（　　　）

A. 1 年以下　　　　　B. 2~3 年　　　　　C. 3 年以上

3. 请问您的年龄？（　　　）

A. 24 岁以下或 60 岁以上　　　　　B. 25~35 岁

C. 36~45 岁　　　　　D. 46~59 岁

4. 请问您的最高学历？（　　）

A. 高中及以下　　　　　B. 专科

C. 本科　　　　　D. 研究生及以上

5. 请问您是否拥有教授 / 高级工程师 / 高级记者等高级职称？

A. 是，请选择：□教授，研究员 □高级记者 □高级工程师 □其他_____

B. 否

6. 请问您所在单位每月电费大约在（　　　）。

A. 1 万元内　　　　B. 2 万 ~5 万元　　　　C. 6 万 ~10 万元

D. 11 万 ~30 万元　　　E. 30 万 ~50 万元　　　F. 50 万 ~100 万元

G. 101 万元及以上

7. 请问您单位主要耗电设备是（　　）

A. 办公、照明及空调等　　　　　B. 一般生产设备

C. 冶炼设备、特种高能耗设备　　　　　D. 其他设备_____

二、新业务调查

1. 您期望电力部门跟移动公司、银行一样，根据用电量，确定不同用户等级，并为之提供差异化个性化的增值服务吗？（　　　）

A. 不知道　　　　　B. 希望

C. 不希望，并请说明原因_____

2. 如果电力部门为了给用户提供更多优质服务，借鉴移动公司、石化及银行的经验，对用电单位开展"预存电费，畅享尊贵服务"新型用电模式，您认同并愿意尝

试吗?(　　)

    A. 认同,愿意尝试

    B. 要看提供哪些差异化和个性化增值服务,才能表态

    C. 不认同,并请说明原因＿＿＿＿＿＿＿＿＿＿＿＿＿＿＿＿＿＿＿＿＿＿＿＿＿

    3.(多选)如果您单位参加"预存电费,畅享尊贵服务"新型用电模式,您最希望供电部门提供哪些增值服务,请选择最期望的 5 项服务?(　　)

    A. "一对一",7 天 ×24 小时大客户经理负责制,一站式服务

    B. 营业厅 VIP 服务;95598 客服热线大客户专属服务

    C. 快速落实大客户投诉及电力服务需求;比未参与活动客户业务处理时间大大缩短

    D. 定期走访大客户,了解用户意见和需求,并不断满足客户需求

    E. 大客户俱乐部活动,如户外活动、拓展活动、旅游、联谊活动等

    F. 个性化账单服务,如根据企业需求输出用电明细、功率因素、设备利用率、负荷系数等

    G. 亲情保电联动服务,如将总经理及高层家庭列入重点保电对象、免费检修及临时停电短信通知等服务

    H. 优先满足特殊电力保障服务,应急发电服务等

    I. 开展免费的对企业用电设备安全检查、安全用电培训等

    J. 开展电力需求侧管理技术服务及指导,如改善负荷特性,降低设备能耗,错峰、移峰等合理用电指导,分析历史用电情况,合理规划企业用电计划

    K. 定期免费校验电能计量装置设备

    L. 停电信息及时通报,如专线电话、手机短信、E-mail 等

    M. 在火车站、飞机场、银行、高尔夫球场等区域享受贵宾服务

    N. 抽奖活动服务

    O. 报装设备简化流程,提高审批及安装速度,专家提供专业施工及现场服务、设备免费售后服务

    P. 积分兑换礼品服务,单位领导及高层生日礼物服务

    4.(问答)除了以上列举的增值服务,根据您单位用电现实情况,您还希望在哪些方面提供服务?

5. 您认为用电单位可以接受"预存电费,畅享尊贵服务"的结算周期是?(　　　)

A. 半个月　　　　　　　B. 一个月　　　　　　　C. 一个半月

D. 两个月　　　　　　　E. 三个月　　　　　　　F. 半年

6. 您认为用电单位可以接受"预存电费,畅享尊贵服务"的金额是?(　　　)

A. 半个月电费　　　　　　　　　　　B. 一个月电费

C. 两个月电费　　　　　　　　　　　D. 三个月电费

7.(问答)您认为在用电单位推广"预存电费,畅享尊贵服务"新型用电消费模式中,存在哪些风险? 应如何解决?

存在的风险:

解决方法:

8.(问答)当前在用电单位推广"预存电费,畅享尊贵服务"的新型用电模式,还存在哪些技术、管理或制度性障碍?(供电部门回答)

9. 您对推行"预存电费,畅享尊贵服务"新型用电模式推广的前景如何看?

(　　　)

A. 有前景,以后一定会普及

B. 需加强引导企业预存电费模式的好处,慢慢会发展起来

C. 监测技术不过关,很难广泛发展

D. 没有前景,企业用户不会预付电款

E. 不清楚

10.(问答)围绕"预存电费,畅享尊贵服务"新业务推广,从媒体宣传角度,存在哪些风险? 应该如何做好舆论引导和舆情管理?(媒体人士回答)

11.(问答)您对用电单位"推广预存电款,畅享尊贵服务"新型用电模式有什么

补充意见?

问题结束,非常感谢您的热心参与!

4. 电力新业务调查访谈提纲

1. 请问贵单位名称,您的职位是?

2. 请问您所在单位每月电费大约多少万元?

3. 请问您单位主要耗电设备是什么? 用电中存在哪些问题?

4. 您认为当前电力部门对用电大户提供的服务还有哪些不足? 期待解决哪些问题?

5. 您期望电力部门跟移动公司、银行一样,根据用电量,确定不同用户等级,并为之提供差异化个性化的增值服务吗?

6. 如果电力部门为了给用户提供更多优质服务,借鉴移动公司、石化及银行的经验,对用电单位开展"预存电费,畅享尊贵服务"新型用电模式,您认同并愿意体验尝试吗？为什么？

7. 如果您单位参加"预存电费,畅享尊贵服务"新型用电模式,您最希望供电部门提供哪些增值服务(请列举最期望的 5 项)？

8. 您认为用电单位可以接受"预存电费,畅享尊贵服务"的结算周期是多长？为什么？

9. 您认为用电单位可以接受"预存电费,畅享尊贵服务"的金额是多少？为什么？

10. 您认为在用电单位推广"预存电费,畅享尊贵服务"新型用电消费模式中,存在哪些风险？应如何解决？

11. 当前在用电单位推广"预存电费,畅享尊贵服务"的新型用电模式,对目前管理流程和模式带来哪些挑战？(供电部门回答)

12. 当前在用电单位推广"预存电费,畅享尊贵服务"的新型用电模式,还存在哪些技术、管理或制度性障碍,需要如何解决？(供电部门回答)

13. 围绕"预存电费,畅享尊贵服务"新业务推广,从媒体宣传角度,存在哪些风险？应该如何做好舆论引导和舆情管理?（媒体人士回答）